어휘, 인성, 예절 교육을 한번에! 365일 바르고 지혜롭게

콩나물쌤의 사자소학 × 명심보감 365 일력

전병규(콩나물쌤) 글
최연지 그림

다선어린이

저자 소개

글 전병규(콩나물쌤)

▶ 유튜브, 인스타그램 23만 팔로워 교육 인플루언서

'콩나물쌤'이라는 필명으로 유튜브, 인스타그램 등에서 활동하며 23만 팔로워를 보유한 인기 교육 인플루언서. 서울교육대학교 초등교육과와 동 대학원 초등영어교육과를 졸업해 학교 현장에서 20년간 하브루타 교육, 문해력 교육, 공부머리를 키우는 공부법 등을 연구하고 실천해왔다. 현재 더 많은 초등 부모와 초등생들에게 바른 교육을 널리 전하고자 교직에서 물러나 책 집필과 강연 활동에 힘쓰고 있다.

'남들보다 빨리, 남들보다 빠르게'가 진리처럼 받아들여지는 대한민국 교육의 현실은 정작 교육받는 당사자인 아이를 소외시킨다. 그 결과 아이의 학업 성적은 떨어지고, 아이의 정서는 망가진다. 내 아이가 뒤처질까 두려운 마음에 일단 시키고 보는 부모의 마음이 빚어낸 교육 현실 속에서 이 시대에 꼭 필요한 올바른 인성 교육의 방향성을 제시하고자 한다. 그동안 지은 책으로는 《콩나물쌤의 문해력 꽉 잡는 한자어 수업》, 《문해력이 자라는 아이들》, 《초등 공부, 하브루타로 시작하라》, 《초4, 지식책 읽기를 시작해야 합니다》 등이 있다.

* 유튜브 채널 **콩나물쌤(CongSSem)**　　* 인스타그램 **@congssem**　　* 네이버 카페 **콩나물쌤(CongSSem)**

그림 최연지

대학에서 시각디자인을 전공했고 현재 그래픽 디자이너와 일러스트레이터로 활동하고 있다. 주로 통통 튀는 색감과 자유로운 라인으로 그림을 그린다. 익숙한 풍경에서 발견할 수 있는 유별나고 귀여운 것들을 좋아한다.

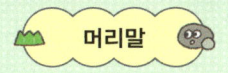

매일 한 구절씩 읽고 실천하며 어휘, 인성, 예절을 쑥쑥 키워 보세요!

안녕하세요, 여러분.

저는 여러분과 함께 《사자소학》, 《명심보감》을 알아볼 콩나물쌤이에요. 그런데 《사자소학》, 《명심보감》이 무엇인지 잘 모르겠다고요? 이름만 들으면 잘 모르는 책들이지만, 이미 여러분 주변에서 한번쯤 접해본 적이 있을 거예요. 어른이나 부모님이 알려 주거나 도덕 교과서, 사자성어 등을 공부할 때 배웠던 지혜로운 말들이 모두 《사자소학》, 《명심보감》에 담겨 있거든요. 조선시대 때는 서당에서 아이들이 맨 처음 배우던 책으로 시대가 바뀌어도 변치 않는 세상의 이치, 지금 여러분이 살아가는 데 꼭 필요한 지혜와 교양을 알려 주고 있어요.

예를 들어, 여러분이 운동 경기나 게임을 한다고 생각해 보세요. 규칙도 모른 채 게임이나 경기에 아무렇게나 참여한다면 괜히 힘만 들고, 번번이 지게 될 거예요. 반면 이기는 방법을 알고 임하면 훨씬 가뿐하고 쉽게 이길 수 있지요. 이와 마찬가지로 《사자소학》, 《명심보감》은 우리가 살아가는 세상이 어떤 곳이고, 어떻게 하면 더 바르고 지혜롭게 살아갈 수 있는지를 알려 주는 책이에요. 두 책을 통해 인성과 예절을 배우고, 인생을 지혜롭고 현명하게 살아가는 방법을 터득한다면 여러분은 지금보다 더 행복하게 살아갈 수 있답니다.

《콩나물쌤의 사자소학×명심보감 365》는 여러분이 《사자소학》, 《명심보감》을 가까운 일상에서 보다 쉽게 접할 수 있도록 선생님이 요즘 시대에 맞는 구절들로 가려 뽑고, 본래 《사자소학》, 《명심보감》을 정확하게 이해할 수 있도록 한자의 뜻과 구절의 해설을 더한 책이에요. 이 책을 펼쳐 매일 한 장씩 꾸준히 읽고 생각하다 보면 인생의 진리를 깨치고 현명한 삶에도 한 발짝 다가설 수 있을 거예요. 1년 후 지금보다 훌쩍 커 있을 여러분의 모습을 상상하며, 즐거운 공부를 시작하길 바랄게요!

**여러분의 바른 마음을 쑥쑥 키워 줄
♥♥ 콩나물쌤으로부터**

초판 1쇄 발행 2023년 11월 21일
초판 2쇄 발행 2023년 12월 8일

글 전병규(콩나물쌤) 그림 최연지
펴낸이 김선식

경영총괄이사 김은영
어린이사업부총괄이사 이유남
책임편집 류지민 **디자인** 이정아 **책임마케터** 안호성
어린이콘텐츠사업2팀장 이지양 **어린이콘텐츠사업2팀** 이정아 윤보황 류지민
마케팅본부장 권장규 **마케팅5팀** 최민용 안호성 박상준 송지은
미디어홍보본부장 정명찬 **브랜드관리팀** 안지혜 오수미 문윤정 이예주
저작권팀 한승빈 이슬 윤제희
재무관리팀 하미선 윤이경 김재경 이보람 임혜정
인사총무팀 강미숙 김혜진 지석배 황종원
제작관리팀 이소현 최완규 이지우 김소영 김진경 박예찬
물류관리팀 김형기 김선진 한유현 전태환 전태연 양문현 최창우 이민운
외부스태프 조판 최지연

펴낸곳 다산북스 **출판등록** 2005년 12월 23일 제313-2005-00277호
주소 경기도 파주시 회동길 490 **전화** 02-704-1724 **팩스** 02-703-2219
다산어린이 카페 cafe.naver.com/dasankids **다산어린이 블로그** blog.naver.com/stdasan
종이 IPP **인쇄** 한영문화사 **코팅 및 후가공** 평창피앤지 **제본** 한울피앤피

ISBN 979-11-306-4741-8 10590

+ 파본은 본사와 구입하신 서점에서 교환해 드립니다.
+ 이 책은 저작권법에 의하여 보호를 받는 저작물이므로 무단 전재와 복제를 금합니다.
+ 책값은 커버 뒤쪽에 있습니다.

《사자소학》, 《명심보감》 구절 한자 풀이 기준

1. 요즘 시대에 적용하기 어려운 구절은 생략하거나 일부 순화하여 표현하였습니다.
2. 한자의 뜻풀이는 이해하기 쉽고 듣기 좋게 표기했습니다.
   (예: 지아비 → 남편, 아우 → 동생, 놈 → 사람 등)
3. 각 구절의 한자는 해당 구절이 의미하는 바에 가장 적합한 뜻으로 표기했습니다.
   (예: 별 양 → 드러낼 양, 형제유실 은이물양)
4. '어휘+'의 단어 설명은 국립국어원의 표준국어대사전을 기준으로, 가장 일반적인 뜻으로 표기했습니다.

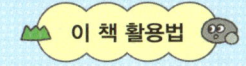

이 책 활용법

요즘 시대에 꼭 읽어야 할 우리 고전을 일력으로 만나 보세요!

오늘의 구절
깊은 통찰력과 지혜가 가득한 우리 고전 ≪사자소학≫, ≪명심보감≫에 수록된 365개의 구절을 만나 보세요.

한자 음/훈: 교과 필수한자, 기초 어휘가 쑥쑥!
같은 한자여도 한자의 뜻은 문장에 따라 다르게 쓰일 수 있어요. 각 구절에 나오는 한자의 뜻이 어떻게 다르게 쓰이는지 한자를 반복적으로 접하며 교과 필수한자를 익혀 보세요.

그림으로 만나는 고전
≪사자소학≫, ≪명심보감≫ 구절을 보다 쉽고 재밌게 이해할 수 있도록 이 시대를 살아가는 여러분이 일상에서 겪을 수 있는 다양한 상황들을 그림으로 표현했어요.

맞춤 해설: 생각과 사고가 쑥쑥!
콩나물쌤이 여러분을 위해 맞춤형 해설을 준비했어요. 구절의 의미를 여러분의 삶과 일상 가까이에서 되새겨 보세요.

어휘 +
단어가 가진 의미와 함께 한자가 어떤 뜻으로 쓰이는지 살펴보며 기초 어휘를 단련해 보세요.

화불투기 일구다

명심보감

적절하지 않은 말은

말씀 화   아닐 불   던질 투   틀 기

한 마디도 너무 많다

한 일   글귀 구   많을 다

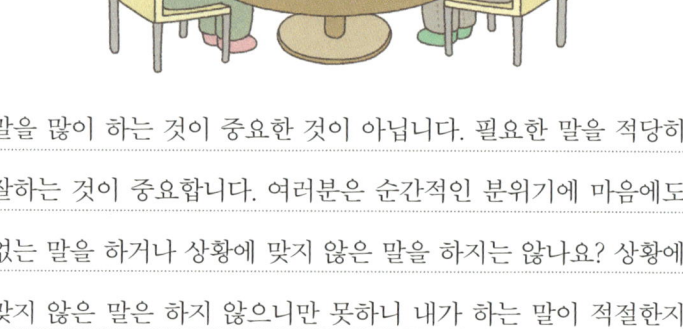

말을 많이 하는 것이 중요한 것이 아닙니다. 필요한 말을 적당히 잘하는 것이 중요합니다. 여러분은 순간적인 분위기에 마음에도 없는 말을 하거나 상황에 맞지 않은 말을 하지는 않나요? 상황에 맞지 않은 말은 하지 않으니만 못하니 내가 하는 말이 적절한지 꼭 생각해 보기 바랍니다.

 어휘+

말씀 **화**
- 동화: 어린이를 위하여 지은 이야기
- 일화: 세상에 널리 알려지지 않은 흥미있는 이야기

12월 31일 365

1월 효도

부모님께 감사하는 마음을 갖자

과전불납리 이하부정관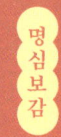

명심보감

남의 오이밭에서 신을 고쳐 신지 말고

 오이 과   밭 전   아닐 불   들일 납   신발 리

남의 자두나무 아래에서
갓을 고쳐 쓰지 말아라

 오얏 리   아래 하  아닐 부   바를 정   갓 관

오이밭에서 신발을 고쳐 신으면 오이를 따는 것으로 오해받을 수 있고 자두나무 아래에서 모자를 고쳐 쓰면 자두를 따는 것처럼 오해받을 수 있습니다. 불필요한 오해를 받을 수 있는 행동은 하지 않아야 합니다.

어휘 ➕

 밭
- 전답: 논과 밭
- 염전: 바닷물을 햇볕에 증발시켜 소금을 얻는 곳

12월 30일 364

부생아신 모국오신

사자소학

아버지는 내 몸을 낳으시고

아버지 부　날 생　나 아　몸 신

어머니는 내 몸을 기르셨다

어머니 모　기를 국　나 오　몸 신

우리가 이렇게 태어나고 살아갈 수 있는 것은 모두 부모님이

사랑과 정성으로 돌봐 주신 덕분이에요. 곁에 있는 부모님께

감사의 마음을 표현해 보세요.

 어휘＋

 아버지 부
- 부모: 아버지와 어머니
- 부친: 아버지를 높여 부르는 말

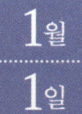

1월 1일 — 1

부언중인소 작과악지사

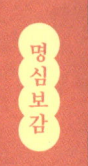
명심보감

여러 사람이 저지른

아닐 부 / 말씀 언 / 무리 중 / 사람 인 / 바 소

잘못과 악행에 대하여 말하지 말아라

지을 작 / 잘못 과 / 악할 악 / 어조사 지 / 일 사

여러 사람은 한 사람보다 힘이 세기에 혼자서 상대해서는 안됩니다. 불량한 언니 오빠들이 모여 있는 곳으로는 지나가지 않고 술에 취해 불량하게 행동하는 사람은 피해야 합니다. 자신의 안전은 자신만이 지킬 수 있습니다.

어휘+

말씀
- 유언: 죽음에 이르러 남기는 말
- 예언: 앞으로 일어날 일을 짐작해 말함

12월 29일 363

복이회아 유이포아

사자소학

배로써 나를 품어 주시고

배 복 　 써 이 　 품을 회 　 나 아

젖으로써 나를 먹여 주셨다

젖 유 　 써 이 　 먹을 포 　 나 아

나라는 몸은 어머니의 배 속에서 나서 어머니의 젖을 먹고 자랍니다. 만약 어머니가 없었더라면 나는 어떻게 되었을지 생각해 보세요.

어휘+

 품을 회
- 회유: 어루만지고 잘 달래어 시키는 말을 듣도록 함
- 회의: 의심을 품음

1월 2일　2

이모부장 회지하급

명심보감

너의 생각이 옳지 못하면

너 이 　꾀 모 　아닐 부 　감출 장

후회한들 무슨 소용인가?

뉘우칠 회 　어조사 지 　어찌 하 　이를 급

생각은 말과 행동이 됩니다. 그래서 올바르게 생각하지 않으면 올바른 말과 행동을 할 수 없고, 결국 올바른 사람도 될 수 없습니다. 내 마음대로 나 편한대로 생각하는 것을 멈추고 나의 생각이 옳고 그른지를 먼저 살펴보아야 합니다.

어휘+

꾀
- 도모: 어떤 일을 이루기 위하여 대책과 방법을 세움
- 무모: 앞뒤를 잘 헤아려 깊이 생각하는 신중함이나 꾀가 없음

뭘 봐?

12월 28일　362

이의온아 이식포아

사자소학

옷으로 나를 따뜻하게 하시고

 써 이   옷 의   따뜻할 온   나 아

밥으로 나를 배부르게 하셨다

 써 이   밥 식   배부를 포   나 아

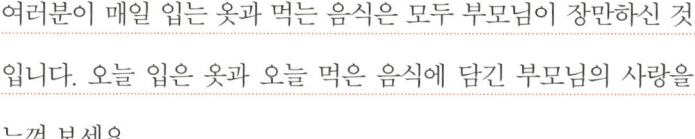

여러분이 매일 입는 옷과 먹는 음식은 모두 부모님이 장만하신 것입니다. 오늘 입은 옷과 오늘 먹은 음식에 담긴 부모님의 사랑을 느껴 보세요.

어휘＋

 밥 식
- 식당: 간단한 음식을 파는 집
- 급식: 학교, 공장 등에서 음식을 주는 일

1월 3일 — 3

구설자 화환지문 멸신지부야

명심보감

사람의 입과 혀는

혀 설 혀 설 사람 자 말씀 변

재앙과 근심의 문이며

재앙 화 근심 환 어조사 지 문 문

몸을 망치는 도끼와 같다

꺼질 멸 몸 신 어조사 지 도끼 부 어조사 야

말이 일을 일으킵니다. 말로 인해 좋은 일이 있기도 하지만 나쁜 일이 생기기도 합니다. 함부로 말을 하다가 걱정을 만들고 적을 만들고 신세를 망칠 수도 있습니다. 나의 말이 언제나 나를 위태롭게 할 수 있음을 기억하세요.

 혀
- 구설: 시비하거나 헐뜯는 말
- 독설: 남을 해치거나 비방하는 악독스러운 말

부모유명 부수경청

사자소학

부모님께서 가르치실 때는

 아버지 부   어머니 모   있을 유   명할 명

머리를 숙이고 공손히 들어라

 구부릴 부   머리 수   공경할 경   들을 청

아이들은 자라면서 올바른 말과 행동을 계속해서 배워 나가야 합니다. 부모님께서 알려 주시는 것이 있으면 흘려 듣지 말고 귀 기울여 듣도록 합니다.

어휘 +

 있을 유
- 유무: 있음과 없음
- 유리: 이익이 있음

1월 4일   4

일언부중 천어무용

명심보감

한 마디 말이 맞지 않으면

한 일　말씀 언　아닐 부　가운데 중

천 마디 말이 쓸데없다

일천 천　말씀 어　없을 무　쓸 용

천 마디의 많은 말을 한다 해도 그 안에 한 마디의 거짓도 없게 해야 합니다. 왜냐하면 거짓말이 단 하나만 있어도 그 사람을 믿기 어렵기 때문입니다. 사람을 믿기 어려우면 그 사람이 어떤 말을 해도 믿기 어려운 법입니다.

어휘＋

 일천 천
- 천금: 매우 큰 돈
- 천리마: 하루에 천 리를 달릴 수 있을 정도로 좋은 말

12월 26일　360

위인자자 갈불위효

사자소학

사람의 자식된 자가

 爲 될 위   人 사람 인   子 아들 자   者 사람 자

어찌 효도를 하지 않겠는가?

 曷 어찌 갈   不 아닐 불   爲 할 위   孝 효도 효

다른 이에게 은혜를 입었다면, 이를 갚는 것이 사람의 당연한 도리입니다. 부모님의 사랑과 은혜에 효도로 보답하며, 사람된 도리를 다할 수 있기를 바랍니다.

어휘 ➕

 孝

효도 효 ■ 효도: 부모님을 잘 섬기는 도리
■ 효자: 부모를 잘 섬기는 아들

1월 5일   5

언부중리 불여불언

명심보감

말이 이치에 맞지 않으면

말씀 언 · 아닐 부 · 가운데 중 · 이치 리

말을 하지 않음만 못하다

아닐 불 · 같을 여 · 아닐 불 · 말씀 언

이치에 맞지 않는 이상한 말은 하지 않는 편이 좋습니다. 이런 말은 사람의 감정을 상하게 하고 미운 마음을 일으켜 서로 다투게 합니다. 내가 하고자 하는 말이 상식적으로 말이 되는지 생각한 후 말하는 습관을 들여 보세요.

어휘+

 다스릴 리
- 이치: 도리에 맞는 취지
- 관리: 어떤 일의 사무를 맡아 처리함

12월 25일 · 359

물여인투 부모불안

사자소학

다른 사람과 다투지 말아라

말 물 ~과 여 사람 인 싸움 투

부모님께서 불안해하신다

아버지 부 어머니 모 아닐 불 편안할 안

여러분이 다른 이들과 싸우는 모습을 보면 부모님은 걱정이 많아집니다. 누군가와 다투기 전에 다른 사람의 입장을 충분히 이해하고 배려했는지 생각해 보세요.

 편안할 안
- **안심**: 걱정이 없어 마음이 편안함
- **불안**: 마음이 편하지 않고 조마조마함

1월 6일 — 6

작사 필모시 출언 필고행

명심보감

일은 반드시 계획을 세워 시작하고

作 事 必 謀 始
지을 작 / 일 사 / 반드시 필 / 꾀 모 / 비로소 시

말은 반드시 실천했는지 돌아보아라

出 言 必 顧 行
날 출 / 말씀 언 / 반드시 필 / 돌아볼 고 / 다닐 행

말은 하기는 쉽지만 실천하기는 쉽지 않습니다. 그래서 말은 번지르르하게 하지만 자신이 한 말을 지키지 못하는 사람들이 상당히 많습니다. 여러분이 스스로 한 말을 지키기 위해 노력한다면 다른 사람으로부터 믿음을 얻을 수 있을 겁니다.

어휘+

 顧 돌아볼 고
- 고객: 상점 등에 물건을 사러 오는 손님
- 회고: 뒤를 돌아봄

혼정신성
동온하청

사자소학

저녁엔 잠자리를 펴드리고
새벽엔 문안을 살피고

어두울 혼　정할 정　새벽 신　살필 성

겨울엔 따뜻하게
여름엔 시원하게 해드려라

겨울 동　따뜻할 온　여름 하　서늘할 청

할머니, 안녕히 주무셨어요?

효도는 부모님의 편안함을 살피는 일이에요. 여러분은 혹시 여러분의 몸만 편하려 하지는 않았나요? 내 몸과 함께 부모님이 편안하신지도 늘 함께 생각해 보면 좋을 것입니다.

어휘+

여름 하
- 하계: 여름철
- 하복: 여름 옷

1월 7일

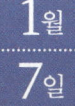

범어 필충신 범행 필독경

명심보감

말에는 반드시 진심이 있어야 하고

무릇 범 / 말씀 어 / 반드시 필 / 충성 충 / 믿을 신

행동에는 반드시 공손함이 있어야 한다

무릇 범 / 다닐 행 / 반드시 필 / 도타울 독 / 공경 경

우리 조별 과제 역할 분담해 보자.

사람의 말은 자신의 수준을 보여 줍니다. 말을 잘 하면 여러분의 수준도 올라갑니다. 말을 잘 하려면 마음에 없는 말과 거짓말은 하지 말고 말하기 전에 한 번 더 생각하고 진심을 담아 표현하세요. 사람들이 여러분을 우러러보게 될 것입니다.

어휘+

무릇 범
- 평범: 뛰어나거나 색다른 점이 없는 보통
- 범사: 모든 일

12월 23일 357

일기부모 기죄여산

사자소학

한 번이라도 부모님을 속이면

한 **일** 　속일 **기** 　아버지 **부** 　어머니 **모**

그 죄가 산과 같다

그 **기** 　허물 **죄** 　같을 **여** 　산 **산**

다른 이를 속이는 것은 그 사람과의 관계를 끊는 행동입니다. 믿을 수 없는 사람과 관계를 유지하기는 힘들기 때문입니다. 그러니 부모님께도 늘 정직하도록 노력합시다.

　한 **일**
- 일체: 모든 것
- 제일: 첫째

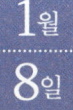

1월 8일 / 8

반구비언 오손평생지덕

명심보감

반 마디의 잘못된 말이

반 반   글귀 구   아닐 비   말씀 언

평생의 덕을 그르칠 수 있다

그르칠 오   잃을 손   평평할 평   살 생   어조사 지   덕 덕

> 그때 들은 말이 아직도 안 잊혀져.

사람들은 다른 사람이 하는 말을 듣고 그 사람을 평가합니다. 나쁜 말을 자주 하면 나쁜 사람으로 평가받는 겁니다. 여러분의 소중한 인격을 잘못된 말로 더럽혀 형편없고 못난 사람으로 평가받지 않도록 하세요.

어휘+

誤 그르칠 오
- 착오: 착각을 하여 잘못함
- 오해: 그릇되게 해석하거나 뜻을 잘못 앎

12월 22일   356

사필품행 무감자전

사자소학

일은 반드시 여쭈어 행하고

일 **사**　반드시 **필**　여쭐 **품**　행할 **행**

감히 자기 멋대로 하지 말아라

없을 **무**　감히 **감**　스스로 **자**　제멋대로 **전**

> 이런 일이 있을 땐 어쩌지? 아빠한테 한번 물어 봐야겠다.

중요한 일이 있으면 부모님께 여쭙도록 합니다. 물론 부모님의 말씀을 무조건 따르라는 말은 아닙니다. 다만 인생 경험이 많은 부모님의 의견을 듣고 판단하면 더 좋은 결과를 얻을 수 있을 것입니다.

어휘+

事　일 **사**
- 농사: 농작물을 심고 기르고 거두는 일
- 참사: 비참한 일

1월 9일　9

녕색무저항 난색비하횡

명심보감

밑 빠진 항아리는 막아도

편안할 녕 막힐 색 없을 무 밑 저 항아리 항

코 밑에 입을 막기는 어렵다

어려울 난 막을 색 코 비 아래 하 가로 횡

하고 싶은 말을 참는 것은 쉽지 않습니다. 하지만 아무 말이나 했다가는 큰 봉변을 당하기 쉽습니다. 사람의 말은 무기와 같아서 함부로 꺼냈다가는 상대도 다치고 자신도 다치기 쉽습니다. 해도 되는 말인지 아닌지 잘 생각해 보고 말하도록 합니다.

어휘 +

밑 저
- 철저: 속속들이 꿰뚫어 미치어 밑바닥까지 빈틈이나 부족함이 없음
- 기저: 어떤 것의 바닥이 되는 부분

12월 21일

사자소학

부모호아 유이추진

부모님께서 나를 부르시거든

아버지 부 어머니 모 부를 호 나 아

공손히 대답하고 얼른 찾아뵈어라

공손한 대답 유 말 이을 이 달릴 추 나아갈 진

부모님이 부르시면 공손히 대답하고 찾아뵙는 것 역시 효도입니다. 혹시 공손치 않게 대답하거나 부르셔도 가지 않은 적이 있다면 반성하고 앞으로는 그러지 않기를 바랍니다.

어휘+

母 어머니 모
- 모친: 어머니를 높여 부르는 말
- 모유: 제 어미의 젖

1월 10일 10

자신불인 환부제

명심보감

자신이 참지 않으면

스스로 자   몸 신   아닐 불   참을 인

근심이 덜어지지 않는다

근심 환   아닐 부   덜 제

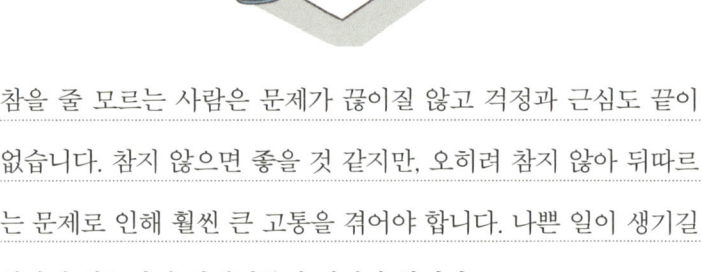

참을 줄 모르는 사람은 문제가 끊이질 않고 걱정과 근심도 끝이 없습니다. 참지 않으면 좋을 것 같지만, 오히려 참지 않아 뒤따르는 문제로 인해 훨씬 큰 고통을 겪어야 합니다. 나쁜 일이 생기길 원하지 않는다면 인내심부터 길러야 합니다.

덜 제
- 제거: 없애 버림
- 삭제: 깎아 없애거나 지워 버림

12월 20일

354

좌명좌청 입명입청

사자소학

앉아서 말씀하시면 앉아서 듣고

앉을 **좌**　명령 **명**　앉을 **좌**　들을 **청**

서서 말씀하시면 서서 들어라

설 **립**　명령 **명**　설 **립**　들을 **청**

부모님 말씀을 앉아서 듣느냐 서서 듣느냐보다 중요한 것은 말씀을 들을 때 여러분의 마음가짐입니다. 부모님이 말씀하실 때는 부모님과 눈을 맞추고 귀를 기울이도록 합니다.

어휘＋

 들을
- 경청: 귀를 기울여 들음
- 시청: 눈으로 보고 귀로 들음

1월 11일　11

백행지본 인지위상

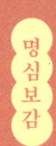
명심보감

모든 행동의 근본으로는

일백 백　행동 행　어조사 지　근본 본

참는 것이 가장 으뜸이다

참을 인　어조사 지　할 위　첫째 상

사람의 욕망은 끝이 없습니다. 먹고 놀고 쉬며 편하게 살 수도 있지만, 훌륭한 사람이 되기 위해서는 가장 먼저 자신의 욕망을 참을 수 있어야 합니다. 참을 줄 모르고 욕망에 끌려가는 사람은 아무것도 이룰 수 없습니다.

 어휘＋

 참을 **인**
- 인고: 괴로움을 참음
- 용인: 용납하여 인정함

12월 19일　353

부모출입 매필기립

사자소학

부모님께서 나가거나 들어오실 때는

아버지 부 / 어머니 모 / 날 출 / 들 입

반드시 일어서라

매양 매 / 반드시 필 / 일어날 기 / 설 립

"엄마, 잘 다녀오셨어요?"

인사를 잘 하는 것은 효도와 예의의 가장 기본입니다. 부모님이 나가시거나 들어오실 때는 현관까지 나와 인사하도록 합시다. 부모님도 아주 좋아하실 겁니다.

어휘＋

날 출
- 출발: 목적지를 향하여 나아감
- 수출: 외국으로 물건을 팔아 내보냄

1월 12일

불인불계 소사성대

명심보감

참지 못하고 경계하지 않으면

아닐 불 참을 인 아닐 불 경계할 계

작은 일이 크게 된다

작을 소 일 사 이룰 성 클 대

살다 보면 답답하고 화가 날 때가 있습니다. 이럴 때 참을 줄 알아야 합니다. 이럴 때 참지 못하면 작은 일이 큰 사고로 번지기 쉽습니다. 뉴스에 나오는 많은 사건과 사고들이 화를 참지 못해 일어나는 경우가 많습니다.

어휘➕

아닐 불
- 불행: 행복하지 않음
- 불편: 편하지 않고 괴로움

12월 18일 352

부모의복
물유물천

사자소학

부모님의 의복을

아버지 부 　어머니 모 　옷 의 　옷 복

넘어 다니거나 밟아서는 안 된다

말 물 　넘을 유 　말 물 　밟을 천

부모님의 물건은 여러분의 물건이 아닙니다. 따라서 부모님의 물건을 허락 없이 함부로 가져가 사용하거나 망가뜨려서는 안 됩니다. 부모님의 물건을 쓰고 싶을 땐 꼭 허락 받고, 내 것처럼 소중히 사용해야 해요.

1월 13일 · 13

衣　옷 의
- 의복: 옷
- 의식주: 인간 생활의 기본 요소인 옷, 음식, 집

인일시지분 면백일지우

 명심보감

한순간의 화를 참으면

참을 인   한 일   때 시   어조사 지   성낼 분

백일의 근심을 피할 수 있다

면할 면   일백 백   날 일   어조사 지   근심 우

화가 날 때 화를 내면 순간적으로 속이 시원할지도 모릅니다. 하지만 화를 참지 못하면 그로 인해 많은 문제들이 생깁니다. 그래서 현명한 사람은 함부로 화를 내지 않습니다. 화가 날 때도 참고 인내하며 대화로 해결하려는 지혜가 필요합니다.

 어휘+

 時   때
- 임시: 미리 정하지 않은 필요에 따라 정한 때
- 시기: 적당한 때나 기회

 12월 17일    351

부모유질 우이모추

사자소학

부모님께서 병을 앓으시거든

 아버지 부
 어머니 모
 있을 유
 병 질

근심하고 나으실 수 있도록 도와라

 근심할 우
 말 이을 이
 꾀할 모
 나을 추

여러분이 아프면 부모님은 정성을 다해 여러분을 돌보아 주셨습니다. 반대로 부모님이 아프실 때 여러분은 어떻게 했나요? 부모님이 푹 쉬실 수 있도록 조용히 하고, 따뜻한 물을 가져다드리도록 합니다.

 병 질
- 질병: 몸의 온갖 병
- 고질병: 오랫동안 앓고 있어 고치기 어려운 병

1월 14일 — 14

지욕원이 행욕방

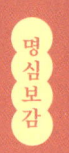
명심보감

지혜는 두루두루 기르되

알 지   하고자 할 욕   둥글 원   말 이을 이

행동은 예리하게 하여라

행할 행   하고자 할 욕   모 방

지혜를 가지고 그 지혜에 맞는 행동을 한다면 우리는 우리가 바라는 가장 바람직한 삶을 살 수 있습니다. 두루두루 많은 것을 공부하고 생각하여 지혜를 쌓고 자신의 생각에 맞는 행동을 똑부러지게 할 필요가 있습니다.

둥글 원
- 원형: 둥근 모양
- 원활: 성격이 모난 데 없이 부드럽고 둥글둥글함

12월 16일   350

은고여천 덕후사지

사자소학

은혜는 하늘과 같이 높고

은혜 은   높을 고   같을 여   하늘 천

은덕은 땅과 같이 두텁다

덕 덕   두터울 후   같을 사   땅 지

"우리 딸, 내가 더 많이 사랑해!"

"엄마, 사랑해요!"

내 몸을 낳고 길러 주시고 먹여 주셨으니 부모님이 내게 베푼 은혜와 은덕은 하늘보다 높고 땅보다 더 두꺼울 것입니다. 그 은혜와 은덕에 어떻게 보답할 수 있을까요?

어휘+

高 높을 고
- 최고: 가장 높음
- 고저: 높고 낮음

1월 15일

15

망동 반치화

명심보감

망령된 행동은

망령될 망   움직일 동

도리어 화를 부른다

돌이킬 반   이를 치   재앙 화

우리의 행동은 반드시 어떤 결과를 불러옵니다. 좋은 행동은 좋은 결과를, 나쁜 행동은 나쁜 결과를 일으키죠. 여러분이 문제 있는 행동을 한다면 그에 맞는 결과를 얻게 될 것입니다. 그러니 스스로의 행동을 늘 주의하도록 합시다.

 어휘 +

 致

이를 치
- 경치: 산이나 들과 같은 자연의 아름다운 모습
- 납치: 강제로 끌어서 데리고 감

12월 15일   349

부모책지 반성물원

부모님께서 꾸짖으시거든

아버지 **부**　어머니 **모**　꾸짖을 **책**　어조사 **지**

반성하고 원망하지 말아라

되돌릴 **반**　살필 **성**　말 **물**　원망할 **원**

사람은 살다 보면 누구나 가끔씩 잘못을 합니다. 잘못했을 때는 꾸지람을 듣고 고치도록 합니다. 그러니 부모님이 꾸짖으실 때는 원망하기보다 무엇을 고쳐야 할지 스스로 생각해 보세요.

 되돌릴 **반**
- **반대**: 생각 등에 따르지 않고 거스름
- **반성**: 자신의 언행에 대하여 잘못한 점을 돌이켜 봄

1월 16일 — 16

무익지언 막망설
불간기사 막망위

명심보감

조별 발표

명석이가 핵심을 잘 짚어 설명해 주었구나.

이롭지 않은 말은 함부로 하지 말고

없을 무   이로울 익   어조사 지   말씀 언   하지 말 막   함부로 망   말씀 설

자기와 관계없는 일을 함부로 하지 말라

아닐 불   간여할 간   자기 기   일 사   하지 말 막   함부로 망   할 위

다른 사람에게 관심을 갖고 도와주는 것은 좋지만 원하지 않는 관심과 도움은 주지 않는 것이 좋습니다. 원하지 않는 관심과 도움은 오히려 상대방을 불편하게 합니다. 내 일이 아니면 너무 간섭하지 말고 기다리는 지혜가 필요합니다.

어휘＋

妄 망령될 망

- **망령**: 정신이 흐려서 말과 행동이 정상을 벗어남
- **망상**: 이치에 맞지 않은 헛된 생각

12월 14일

348

부모애지 희이물망

사자소학

부모님께서 사랑해 주시거든

아버지 부   어머니 모   사랑 애   어조사 지

기뻐하며 잊지 말아라

기쁠 희   말 이을 이   말 물   잊을 망

부모님께서 우리를 사랑해 주시는 건 당연한 일이 아닙니다. 부모님이 없거나, 혹은 부모님이 있어도 사랑받지 못하는 아이들도 많습니다. 부모님께 사랑받고 있음을 늘 기쁘게 생각하도록 합니다.

어휘 +

愛 사랑 애
- 애정: 사랑하는 마음
- 애국: 나라를 사랑하는 마음

1월 17일

수구여병 방의여성

명심보감

입은 병마개 막듯 막고

머물 수 / 입 구 / 같을 여 / 병 병

욕심은 성문 막듯 막도록 하여라

막을 방 / 뜻 의 / 같을 여 / 성 성

잘못된 말을 하는 것과 너무 큰 욕심을 내는 것은 망하기에 딱 좋은 방법입니다. 사람은 자기 입과 마음만 잘 막아도 크게 망할 일이 없습니다. 함부로 말하기 전에, 욕심에 눈이 어두워지기 전에 한 번 더 생각한다면 많은 실수를 줄일 수 있습니다.

어휘+

 막을 **방**
- 방어: 상대의 공격을 막음
- 방패: 전쟁 때 적의 칼, 화살 따위를 막는 무기

12월 13일 — 347

헌물부모 궤이진지

사자소학

부모님께 물건을 드릴 때는

바칠 헌 　 물건 물 　 아버지 부 　 어머니 모

꿇어앉아서 드려라

꿇어앉을 궤 　 말 이을 이 　 나아갈 진 　 갈 지

부모님과 물건을 주고받을 때는 공손한 태도를 가져야 합니다. 옛날처럼 무릎을 꿇지는 않더라도 두 손으로 드리는 것은 잊지 마세요. 한 손으로 물건을 주고 받는 것은 또래 친구끼리 하는 행동입니다.

어휘+

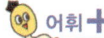 물건 **물**
- 물물교환: 물건과 물건을 맞바꿈
- 선물: 남에게 선사하는 물건

1월 18일 / 18

무용지변 불급지찰 기이물치

명심보감

쓸데없는 말과

없을 무　쓸 용　어조사 지　말씀 변

급하지 않은 일은

아닐 불　급할 급　어조사 지　살필 찰

그만두고 하지 말아라

버릴 기　말 이을 이　말 물　다스릴 치

침묵을 견디지 못하고 쓸데없는 말을 너무 많이 하는 사람이 있습니다. 그런 말은 들을 내용도 없고 공연히 주변을 시끄럽게 할 뿐입니다. 사람들을 즐겁게 하거나 이롭게 하는 말이 아니라면 참을 줄 알아야 합니다.

어휘+

 쓸
- 활용: 충분히 잘 이용함
- 남용: 일정한 기준을 넘어 함부로 씀

12월 12일 346

여아음식 궤이수지

사자소학

나에게 음식을 주시거든

줄 여 / 나 아 / 마실 음 / 밥 식

꿇어앉아서 받아라

꿇어앉을 궤 / 말 이을 이 / 받을 수 / 갈 지

부모님께서 음식을 주실 때는 감사한 마음을 가지고, 말로 감사함을 표현하세요. 옛날처럼 무릎을 꿇을 필요는 없습니다. 부모님께서 나를 위해 준비한 음식을 기쁘게 받아 들고, 먹기 전에 "잘 먹겠습니다."라고 인사하도록 합니다.

어휘+

 마실 음
- 음식: 먹는 것과 마시는 것
- 음수: 마실 수 있는 물

1월 19일 — 19

근위무가지보 신시호신지부 명심보감

부지런함은 값을 매길 수 없는 보배이며

부지런할 근 / 할 위 / 없을 무 / 값 가 / 어조사 지 / 보배 보

언행에 주의함은
몸을 지키는 부적이다

삼갈 신 / 이 시 / 도울 호 / 몸 신 / 어조사 지 / 부적 부

말 한 마디로 천냥 빚을 갚을 수도 있지만 반대로 말 한 마디로 천냥 빚을 질 수도 있습니다. 좋은 일도 나쁜 일도 모두 말과 행동에서 생깁니다. 말하기 전에 항상 내가 하는 말이 무슨 일을 불러올지 생각해 보기 바랍니다.

어휘+
값 **가**
- 가치: 사물이 지니고 있는 쓸모
- 정가: 정해진 가격

12월 11일

대안불식 사득량찬

사자소학

밥상을 대하셔도 잡수시지 않으시면

대답할 대 / 책상 안 / 아닐 불 / 밥 식

좋은 음식을 장만할 생각을 하라

생각할 사 / 얻을 득 / 좋을 량 / 반찬 찬

> 할머니, 곶감도 드셔 보세요!

여러분이 부모님에게 맛있는 음식을 장만해드릴 수는 없습니다. 다만 맛있는 음식이 있을 때 부모님께 먼저 권하도록 합니다. 맛있는 음식일수록 부모님께 드리지 않고 혼자만 먹어서는 안 됩니다.

어휘＋

아닐 **불**
- 불만: 마음에 흡족하지 않음
- 불확실: 확실하지 아니함

1월 20일 / 20

문인지과실 이가득문 구불가언야

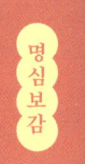
명심보감

남의 허물을 듣게 되면

들을 문 사람 인 어조사 지 잘못 과 잃을 실

귀로는 듣더라도

 可 得
귀 이 가히 가 얻을 득 들을 문

입으로는 말하지 말아라

입 구 아닐 불 가히 가 말씀 언 어조사 야

다른 사람의 잘못과 허물에 대해 듣게 되더라도 그것에 동참하여 말해서는 안 됩니다. 또한 그 내용을 다른 사람에게 전해서도 안 됩니다. 험담의 대상이 된 사람은 험담한 사람을 미워하며 적이 될 수밖에 없습니다.

어휘 +

 들을
- 신문: 새로운 소식 혹은 이를 담은 종이
- 소문: 사람들 입에 오르내리며 전하여 들리는 말

12월 10일

344

부모사아 물역물태

사자소학

부모님께서 심부름을 시키면

 아버지 부　 어머니 모　 하여금 사　 나 아

거스르지 말고 게을리하지 말아라

 말 물　 거스를 역　 말 물　 게으를 태

부모님은 가정을 꾸려 나가기 위해 많은 일을 하세요. 그러다 보니 여러분에게 잔심부름을 시키실 때도 있지요. 귀찮고 번거롭더라도 가정을 위한 일이라 생각하고 정성을 쏟아 부모님을 도와드리세요.

어휘＋

 게으를 태

- **태만**: 열심히 하지 않고 게으름
- **권태**: 어떤 일에 시들해져서 생기는 게으름이나 싫증

1월 21일 · 21

작사모시 출언고행

사자소학

곧 방학이 다가오는데, 방학 계획표를 짜 볼까?

일을 할 때에는 시작을 잘 계획하고

일할 작   일 사   꾀할 모   처음 시

말을 할 때에는 행실을 돌아 보라

날 출   말씀 언   돌아볼 고   갈 행

어떤 일이든 시작을 잘 하는 것이 중요합니다. 시작을 잘 하면 이미 반쯤 성공한 것과 같습니다. 하지만 많은 사람들이 제대로 된 계획 없이 일을 시작해 일을 망칩니다. 어떤 일이든지 시작하기 전에 착실히 계획을 세우도록 합시다.

 지을 **작**
- **작가**: 문학이나 예술 창작을 직업으로 하는 사람
- **제작**: 재료를 가지고 새로운 물건을 만듦

12월 9일   **343**

신물원유 유필유방

사자소학

먼 곳에 가서 놀지 말고

삼갈 신   말 물   멀 원   놀 유

놀 때는 반드시 어디에 있는지 알려라

놀 유   반드시 필   있을 유   모 방

> 부모님이 걱정하실 텐데 얼른 연락드려야겠다.

먼 곳으로 놀러 가면 부모님이 걱정하실 수밖에 없어요. 혹시 무슨 일이 있을 때 부모님이 언제든 달려오실 수 있도록 가까운 곳에서 노는 게 좋아요. 그러면 부모님도 걱정을 덜 수 있답니다.

어휘 +

 모 **방**
- **방향**: 어떤 곳을 향한 쪽
- **방식**: 일정한 방법이나 형식

1월 22일 — 22

행필정직 언즉신실

사자소학

행동은 반드시 바르고 곧게 하고

행동 행   반드시 필   바를 정   곧을 직

말은 믿음직하고 착실하게 하라

말씀 언   곧 즉   믿을 신   열매 실

역시 우리 전교 회장은 듬직해!

사람의 말은 믿음직스러워야 합니다. 과장이 심하거나 거짓말을 잘하는 사람은 다른 사람으로부터 믿음을 얻을 수 없습니다. 신뢰를 한 번 잃은 사람은 다시 얻기 어려우니 처음부터 정직하고 신실하게 말하도록 하세요.

어휘＋

곧을 직
- 직선: 곧은 선
- 솔직: 거짓이 없이 바르고 곧음

12월 8일

342

욕보심은 호천망극

명심보감

그 깊은 은혜를 갚고자 해도

하고자 할 욕 / 갚을 보 / 깊을 심 / 은혜 은

넓은 하늘처럼 끝이 없구나

하늘 호 / 하늘 천 / 없을 망 / 극진할 극

할머니, 어깨 결리는 곳 제가 안마해 드릴게요!

부모님은 여러분의 몸을 낳아 주시고 길러 주셨어요. 부모님이 없었다면 여러분은 태어나지도 살아가지도 못합니다. 이 세상에 이보다 더 크고 깊은 은혜가 어디 있을까요?

어휘+

 하고자 할 욕
- 욕심: 분수에 넘치게 무엇을 탐내는 마음
- 욕구: 무엇을 얻거나 하고자 바라는 일

1월 23일 / 23

언필사충
사필사경

사자소학

말은 반드시 정성스럽게 할 것을 생각하고

말씀 언   반드시 필   생각 사   충성 충

일은 반드시 공손하게 할 것을 생각하라

일 사   반드시 필   생각 사   공경할 경

함부로 뱉은 말은 다른 사람에게 상처가 되기 쉽습니다. 하지만 한 번 뱉은 말은 주워 담을 수 없으니 항상 내가 하는 말의 의미를 한 번 더 생각해 보세요. 아무에게도 상처 주지 않는 말들만 정성스럽게 해야 합니다.

어휘+

敬 공경할 경
- 공경: 공손히 받들어 모심
- 존경: 남의 인격, 행위 등을 받들어 공경함

12월 7일   341

욕보기덕 호천망극

사자소학

그 은덕을 갚고자 하면

하고자 할 욕 / 갚을 보 / 그 기 / 덕 덕

하늘처럼 다함이 없다

하늘 호 / 하늘 천 / 없을 망 / 극진할 극

저는 이 다음에 커서 부모님을 매일 기쁘게 해 드릴 거예요.

내 생명을 낳고 길러 주셨으니 어떤 효도를 하더라도 그 은덕을 다 갚을 수는 없을 것입니다. 끝도 없는 저 하늘처럼 말이지요. 매일 매일 조그만 일부터 효도를 실천해 보면 어떨까요?

어휘+

 하늘 천
- 천지: 하늘과 땅
- 천하: 하늘 아래의 온 세상

1월 24일 — 24

군자유용 이무례 위란

명심보감

사람이 용기만 있고

임금 군 아들 자 있을 유 날랠 용

예의가 없으면

말 이을 이 없을 무 예도 례

세상을 어지럽게 한다

할 위 어지러울 란

용기는 어려운 일과 상황을 이겨 내는 힘을 줍니다. 하지만 용기만 있고 예의가 없는 사람은 나쁜 짓을 하는 범죄자가 되기 쉽습니다. 무서운 것이 없는데 다른 사람을 배려할 줄 모르고 규칙을 지키려는 마음이 없기 때문입니다.

어휘+

 어지러울 **란**
- 소란: 시끄럽고 어수선함
- 난리: 소란하고 질서가 어지러운 상태

12월 6일 340

아신불현 욕급부모

사자소학

내 몸이 어질지 못하면

나 아   몸 신   아닐 불   어질 현

욕이 부모님께 미친다

욕될 욕   미칠 급   아버지 부   어머니 모

여러분이 올바르게 행동하면 사람들은 여러분을 칭찬합니다. 반면 여러분이 함부로 행동하면 사람들은 여러분의 부모님을 비난합니다.

올바르게 행동해 부모님을 욕되게 하는 일이 없도록 해야 합니다.

어휘+

미칠 **급**
- 보급: 널리 펴서 골고루 미치게 함
- 언급: 어떤 일과 관련하여 말함

1월 25일 / 25

제수자 필이제방
제성자 필이예법

명심보감

물을 멈추려면
반드시 둑을 쌓아 막고

절제할 제 / 물 수 / 사람 자 / 반드시 필 / 써 이 / 둑 제 / 막을 방

성품을 바로잡으려면
반드시 예법으로 해야 한다

절제할 제 / 성품 성 / 사람 자 / 반드시 필 / 써 이 / 예도 예 / 법 법

물난리로 인한 피해를 막기 위해 여름에 둑을 쌓아야 하듯이, 제멋대로 행동하는 사람의 성품을 바로잡으려면 반드시 예절을 배워야 합니다. 사람은 예절을 배움으로써 사람답게 행동할 수 있습니다.

어휘 ✚

 절제할 제
- 통제: 일정한 방침에 따라 행동을 제한함
- 제한: 일정한 한도를 정해 넘지 못하게 막음

12월 5일 339

약득미미 귀헌부모

사자소학

만약 맛있는 음식을 얻으면

若 / 만약 약   得 / 얻을 득   美 / 아름다울 미   味 / 맛 미

돌아가 부모님께 드려라

歸 / 돌아갈 귀   獻 / 바칠 헌   父 / 아버지 부   母 / 어머니 모

부모님은 맛있는 음식이 생기면 여러분을 먹일 생각에 기뻐하십니다. 그런데 혹시 여러분은 혼자 먹어버리지는 않나요? 다음에는 맛있는 음식이 생기면 부모님과 함께 나누어 보세요.

어휘 +

美 아름다울 미
- 미술: 아름다움을 시각적으로 표현하는 예술
- 미인: 아름다운 사람

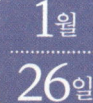

1월 26일 / 26

출입문호 개폐필공

사자소학

문을 드나들 때는

날 출 　 들 입 　 문 문 　 집 호

열고 닫기를 반드시 공손하게 하라

열 개 　 닫을 폐 　 반드시 필 　 공손할 공

제가 문 잡아드릴게요.

문을 세게 열고 닫으면 큰소리가 나 그곳에 있는 모든 사람이 불쾌해집니다. 깜짝 놀라거나 귀가 아프기도 하고 집중이 흐트러지지기도 합니다. 다른 사람에게 피해가 가지 않도록 문을 천천히 부드럽게 열고 닫도록 합시다.

어휘 +

들 **입**
- 입학: 학교에 들어감
- 입구: 안으로 들어가는 통로

12월 4일

338

의복수악 여지필착

사자소학

의복이 비록 나쁘더라도

옷 **의**   옷 **복**   비록 **수**   악할 **악**

주시면 반드시 입어라

줄 **여**   그것 **지**   반드시 **필**   입을 **착**

엄마가 새로 사주신 치마가 마음에 쏙 들어.

마음에 들지 않는 옷은 입기 싫은 마음도 이해할 수 있습니다. 하지만 부모님은 열심히 일해서 그 옷을 사주셨어요. 부모님이 사주신 옷이 혹시나 여러분의 마음에 들지 않더라도 감사한 마음으로 입으면 어떨까요?

어휘+

 옷
- **복장**: 옷을 차려입은 모양
- **한복**: 우리나라 고유의 옷

1월 27일

이인지언 난여면서

명심보감

사람을 이롭게 하는 말은

이로울 리 　사람 인 　어조사 지 　말씀 언

솜과 같이 따뜻하다

따뜻할 난 　같을 여 　솜 면 　솜 서

> 너무 무리하지 말고, 몸 챙겨 가며 운동하렴.

사람은 격려하고 응원하는 따뜻한 말을 들을 때 힘이 생깁니다. 반대로 비난하고 무시하는 차가운 말은 기운을 빼앗습니다. 다른 사람을 돕고자 한다면 아무리 맞는 말이라도 날카롭지 않게 따뜻하게 해주어야 합니다.

 따뜻할 난
- 난방: 실내의 온도를 높여 따뜻하게 하는 일
- 온난: 날씨가 따뜻함

12월 3일 · 337

부부유별 장유유서

사자소학

남편과 아내 사이에는 다름이 있고

지아비 **부**   아내 **부**   있을 **유**   다를 **별**

어른과 아이 사이에는 차례가 있다

어른 **장**   어릴 **유**   있을 **유**   차례 **서**

우리를 먹여 주고 보호해 주시는 분은 바로 부모님이에요. 맛있는 음식이 있으면 먼저 드시고 좋은 물건이 있으면 먼저 해보실 수 있도록 부모님께 양보해 보세요. 이렇게 하면 여러분의 사랑과 고마움을 표현할 수 있어요.

 어휘➕

  사나이 **부**
- 농부: 농사를 직업으로 하는 사람
- 어부: 고기잡이를 직업으로 하는 사람

1월 28일 · 28

비례물언 비례물동

사자소학

예가 아니면 말하지 말며

아닐 비   예도 례   말 물   말씀 언

예가 아니면 움직이지 말라

아닐 비   예도 례   말 물   움직일 동

> 다른 사람을 흉보는 이야기는 걸러 들어야지.

사람은 예의가 있어야 합니다. 예의는 다른 사람에 대한 최소한의 존중과도 같아서 예의 없는 사람과는 함께하기가 힘듭니다. 예의 없는 말과 행동을 하는 사람 주변에는 점차 친구가 사라지고 적이 많아지게 됩니다.

어휘+

 움직일
- 운동: 몸을 단련시키기 위해 움직이는 일
- 활동: 몸을 움직여 행동함

12월 2일 — 336

애애부모 생아구로

명심보감

슬프고 슬프다, 우리 부모님은

슬플 애 슬플 애 아버지 부 어머니 모

나를 낳아 기르느라 애쓰셨구나

날 생 나 아 수고로울 구 일할 로

아이를 낳고 기르는 데는 부모님의 엄청난 희생이 필요합니다. 밤새 젖을 물리느라 잠도 못 자고, 기저귀, 분유, 간식을 사기 위해 열심히 일해야 하죠. 여러분이 현재 누리고 있는 모든 것들이 부모님의 피와 땀으로 얻은 것임을 잊지 마세요.

어휘+

슬플 애
- 애환: 슬픔과 기쁨
- 애도: 사람의 죽음을 슬퍼함

1월 29일

비례물시
비례물청

사자소학

예가 아니면 보지 말며

아닐 비 예도 례 말 물 볼 시

예가 아니면 듣지 말라

아닐 비 예도 례 말 물 들을 청

사람은 보고 듣는 것에 많은 영향을 받습니다. 예의에 어긋나는 말과 행동을 자꾸 보고 듣다 보면 그 사람도 점점 예의 없는 사람이 됩니다. 예의 없게 말하고 행동하는 사람이 있다면 즉시 자리를 피해 보거나 듣지 않도록 합시다.

어휘+

예도 례
- 예의: 존중의 뜻을 담은 말투나 몸가짐
- 실례: 언행이 예의에서 어긋남

12월 1일

335

근면공부 부모열지

사자소학

부지런히 공부에 힘쓰면

부지런할 근 · 힘쓸 면 · 장인 공 · 사나이 부

부모님께서 그것을 기뻐하신다

아버지 부 · 어머니 모 · 기쁠 열 · 그것 지

자식이 부지런히 성실히 공부하는 모습을 좋아하지 않을 부모님은 없습니다. 여러분이 미래를 위해 최선을 다하고, 부지런히 공부하는 모습을 보인다면 부모님도 분명 기뻐하실 거랍니다.

어휘＋

 부지런할 **근**
- 근면: 부지런히 노력함
- 근무: 직장에서 소속되어 어떤 일을 하다

1월 30일 — 30

12월 언행

말과 행동에 책임이 따름을 알자

출필고지 반필면지

사자소학

나갈 때 반드시 말씀드리고

날 출   반드시 필   고할 고   갈 지

들어올 때 반드시 뵈어라

되돌릴 반   반드시 필   낯 면   갈 지

부모님은 여러분이 안전하게 잘 있는지 늘 걱정하고 계십니다. 밖에 나갈 때 나간다고 말씀드리지 않으면 더욱 걱정하실 수밖에 없지요. 밖에 나갈 때와 돌아왔을 때 늘 부모님께 말씀드리도록 합시다.

어휘+

 반드시 필
- 필요: 반드시 요구됨
- 필승: 반드시 이김

1월 31일   31

화락화개 개우락

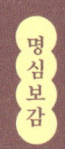

꽃은 떨어진 후 다시 피고

꽃 화 떨어질 락 꽃 화 열 개

다시 피면 또다시 떨어진다

열 개 또 우 떨어질 락

시작이 있으면 끝이 있고 끝이 있으면 다시 시작이 있습니다. 한 번 핀 꽃이 영원할 수 없듯 좋은 일만 계속되지도 않고 반대로 나쁜 일만 계속되지도 않습니다. 좋은 일과 나쁜 일이 돌고 도는 것이 인생이니 너무 연연해하지 않기 바랍니다.

- 국화: 한 나라를 상징하는 꽃
- 개화: 풀이나 나무의 꽃이 핌

11월 30일 334

건강

2월

내 건강은 내가 지키자

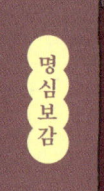 명심보감

아기어인 무악 인능어아 무악재

내가 이제까지 남에게 악하게 하지 않았으니

 나 아   이미 기   어조사 어   사람 인   없을 무   악할 악

남도 나에게

 사람 인   능할 능   어조사 어   나 아

악하게 함이 없다

 없을 무   악할 악   비롯할 재

자신에게 잘해 주는 사람에게는 잘해 주고 잘못하는 사람에게는 똑같이 잘못하는 것은 인간관계의 기본 법칙입니다. 여러분이 다른 사람에게 좋은 행동을 하든 나쁜 행동을 하든 그것은 반드시 나에게 돌아오게 되어 있습니다.

 어휘+

 이미 기
- 기존: 이미 존재
- 기왕: 이미 지나간 이전

11월 29일 333

쾌심사과 필유앙

명심보감

즐거운 일도 지나치면

쾌할 쾌　마음 심　일 사　지날 과

반드시 재앙이 따르게 된다

반드시 필　있을 유　재앙 앙

사람이라면 누구나 즐겁고 기쁜 일을 좋아합니다. 하지만 아무리 좋은 것도 지나치면 결코 좋을 수 없습니다. 그러니 당장의 즐거움만 쫓지 말고 길게 바라볼 수 있어야 합니다.

어휘+

쾌할 쾌
- 상쾌: 느낌이 시원하고 산뜻함
- 쾌유: 병이나 상처가 깨끗이 나음

2월 1일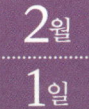

손인리기 종시자해

사자소학

남에게 손해를 끼쳐 이득을 보면

덜 손   사람 인   이로울 리   자기 기

마침내 이것이 자신을 해치게 된다

마침내 종   이 시   스스로 자   해칠 해

거짓말을 하거나 우겨서 이득을 보는 것은 정말 어리석은 행동입니다. 왜냐하면 손해를 입은 상대방이 가만히 있지 않기 때문입니다. 반드시 그것을 되찾거나 갚아 주려고 하죠. 그러면 잠깐 이득을 본 듯해도 결국에는 손해를 입게 됩니다.

어휘+

 덜

- 훼손: 체면이나 명예를 손상함
- 손해: 물질적, 정신적으로 해를 입음

11월 28일 / 332

음식신절 언어공손

사자소학

먹고 마실 때는 삼가고 절제하고

 마실 음　 밥 식　 삼갈 신　 마디 절

언어를 공손히 하라

 말씀 언　 말씀 어　 공손할 공　 겸손할 손

맛있는 음식을 자꾸 먹고 싶은 마음은 자연스럽습니다. 하지만 우리 배가 소화할 수 있는 양은 정해져 있습니다. 정해진 양을 넘어서면 반드시 탈이 나게 되지요. 입의 즐거움을 위해 배를 아프게 하는 어리석은 행동은 하지 않아야겠습니다.

 마디
- 계절: 일 년을 자연 현상에 따라 구분한 것
- 절제: 정도에 넘지 않게 조절해 제한함

2월 2일

33

기소불욕 물시어인

사자소학

내가 하고자 하지 않는 것을

자기 기 　바 소 　아닐 불 　하고자 할 욕

남에게 시켜서는 안 된다

말 물 　베풀 시 　어조사 어 　사람 인

사람이라면 깨끗하고 편안한 것을 좋아하고 더럽고 힘든 것을 싫어합니다. 이렇게 사람의 마음은 비슷하기 때문에 여러분이 싫어하는 것은 다른 사람도 대부분 싫어합니다. 그러니 내가 싫어하는 것을 남에게 시켜서는 안 됩니다.

어휘+

己 자기 기
- 자기: 그 사람 자신
- 이기: 자기의 이익만 꾀함

11월 27일 — 331

지족상족 종신불욕

명심보감

만족할 줄 알아서 항상 만족하고 살면

알 지   족할 족   항상 상   족할 족

죽을 때까지 욕된 일을 당하지 않는다

마칠 종   몸 신   아닐 불   욕될 욕

사람의 욕심은 원래 끝이 없습니다. 만족할 줄 모르면 계속해서 커지게 되지요. 그러다 보면 결국에는 큰 화를 입게 됩니다. 어느 정도 원하는 것을 얻었다면 만족하고 멈출 줄 알아야 큰 문제를 예방할 수 있습니다.

어휘+

마칠 종

- 종료: 어떤 행동이나 일이 끝남
- 임종: 죽음을 맞이함

2월 3일

혼인사상 인보상조

사자소학

혼인과 초상에는

 혼인할 혼　 혼인 인　 죽을 사　 죽을 상

이웃끼리 서로 도와라

 이웃 린　 지킬 보　 서로 상　 도울 조

혼인은 사람이 살다 보면 맞는 가장 기쁜 일이며 초상은 사람이 겪는 가장 슬픈 일입니다. 기쁜 일이든 슬픈 일이든 큰 일을 치를 때는 많은 힘이 듭니다. 친척, 친구, 이웃들의 기쁨과 슬픔을 함께 축하하고 위로하며 도와 주세요.

* 초상: 사람이 죽었을 때 지내는 의례.

 어휘 +

 婚 혼인할 **혼**
- **결혼**: 남녀가 부부 관계를 맺음
- **약혼**: 서로 혼인하기를 약속함

11월 26일　330

실당유진
상필쇄소

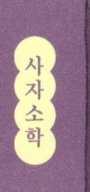
사자소학

방과 거실에 먼지가 있거든

집 실　집 당　있을 유　티끌 진

항상 반드시 물 뿌리고 청소하라

항상 상　반드시 필　뿌릴 쇄　쓸 소

우리가 사용하는 공간을 깨끗하게 하는 것은 건강과 마음에 모두 중요합니다. 집안이 더러우면 머리 속도 마음도 함께 지저분해집니다. 내 방에 있는 먼지를 청소기로 빨아들이고 걸레질하여 깨끗하게 방을 사용하도록 합니다.

어휘+

常　항상 상
- 일상: 날마다, 늘
- 비상: 예사롭지 않고 특별함

2월 4일

아경인친 인경아친

사자소학

내가 다른 사람의 부모를 공경해야

나 아 　 공경 경 　 사람 인 　 친할 친

다른 사람이 나의 부모를 공경한다

사람 인 　 공경 경 　 나 아 　 친할 친

세상 모든 일은 내가 뿌린대로 거두는 것입니다. 내가 한 행동은 반드시 내게 돌아옵니다. 내가 친구의 부모님을 공경해야 친구 역시 우리 부모님을 공경합니다. 내가 예의를 지키지 않으면 상대도 예의를 지키지 않으니 먼저 예의를 지키도록 합시다.

어휘+

사람 **인**
- 인생: 사람이 세상을 살아가는 일
- 인정: 사람이 본래 가진 감정

11월 25일　329

음식수염 여지필식

사자소학

음식이 비록 먹기 싫더라도

마실 음 밥 식 비록 수 싫어할 염

주시면 반드시 먹어라

줄 여 그것 지 반드시 필 먹을 식

요즘에는 맛있는 음식이나 간식이 참 많아서, 맛있는 음식만 먹으려는 친구들이 많아요. 하지만 야채처럼 먹기 싫어도, 건강을 위해 꼭 먹어야 하는 음식이 있습니다. 부모님이 이런 음식을 주시면 불평하지 말고 먹도록 합니다.

어휘+

 줄
- 기여: 도움이 되도록 이바지함
- 증여: 재산을 무상으로 타인에게 물려 줌

2월 5일 — 36

장자지전 진퇴필공

사자소학

어른 앞에서
長 者 之 前
어른 장 / 사람 자 / 어조사 지 / 앞 전

나아가고 물러날 때 반드시 공손히 하라
進 退 必 恭
나아갈 진 / 물러날 퇴 / 반드시 필 / 공손할 공

어른과 함께 있을 때 지켜야 할 예절이 있습니다. 어른이 계시는 방에 들어갈 때는 노크를 하고 들어가고, 문을 열고 닫을 때는 조용히 닫아야 합니다. 갑자기 소리 지르거나 큰소리를 내지 않는 것도 잊지 마세요.

어휘+

者 사람 자
- 부자: 재물이 많아 살림이 넉넉한 사람
- 저자: 책을 지은 사람

11월 24일 / 328

신체발부 물훼물상

사자소학

신체와 머리털과 피부를

몸 신   몸 체   머리털 발   살갗 부

훼손하거나 상처 입히지 말라

말 물   헐 훼   말 물   다칠 상

> 초콜릿을 많이 먹었더니, 이가 아프네.

부모님께서 주신 몸을 깨끗하고 온전히 잘 보존하는 것도 효도입니다. 세수는 매일 깨끗이 하고, 규칙적으로 목욕을 하고 손톱과 발톱을 깎아 늘 몸을 정갈하게 유지하세요. 또, 내 몸을 다치게 해 부모님이 속상하시지 않도록 안전에 유의하도록 합니다.

어휘+

몸 신
- 신체: 사람의 몸
- 심신: 마음과 몸

2월 6일 — 37

장자자유 유자경장

사자소학

어른은 어린이를 사랑하고

어른 장 · 사람 자 · 사랑 자 · 어릴 유

어린이는 어른을 공경하라

어릴 유 · 사람 자 · 공경 경 · 어른 장

어른이 아이를 사랑하지 않고 아이가 어른을 공경하지 않는다면 어떻게 될까요? 아이들은 무관심 속에 자라고, 어른들은 갖은 무시를 당할 것입니다. 우리가 사는 사회가 밝으려면 서로가 서로를 사랑하고 공경해야 합니다.

어휘+

 길, 어른 장
- 장수: 목숨이 깊
- 장단: 길고 짧음

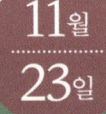

11월 23일 · 327

물등고수 부모우지

사자소학

높은 나무에 올라가지 말라

말 물   오를 등   높을 고   나무 수

부모님께서 걱정하신다

아버지 부   어머니 모   근심 우   이르다 지

높은 곳에 올라가거나 위험한 물건 등을 가지고 놀면 자칫 다칠 수 있습니다. 부모님도 많은 걱정을 하시게 되지요. 놀이를 할 때는 사고가 나지 않도록 안전한 곳에서 안전한 방법으로 놀도록 합니다.

어휘+

나무 수
- 수목: 살아 있는 나무
- 가로수: 길을 따라 줄지어 심은 나무

2월 7일 — 38

학우즉사 위국진충

사자소학

학문이 넉넉하면 벼슬을 해서

배울 학   넉넉할 우   곧 즉   벼슬할 사

나라를 위해 충성을 다하라

할 위   나라 국   다할 진   충성 충

우리는 이 나라의 국민입니다. 우리나라가 가난해지면 우리도 가난해지고 우리나라가 망하면 우리에게도 좋지 않은 영향을 끼칩니다. 열심히 공부하여 나라에 도움이 될 수 있는 일을 한다면 우리도 행복해지고 나라도 발전할 것입니다.

어휘＋

 나라 국
- 국어: 우리말
- 국민: 국가를 구성하는 사람

11월 22일
326

물사비환극 당령음식균

명심보감

"떡볶이는 매일 먹어도 안 질려!"

지나치게 슬퍼하거나 기뻐하지 말고

말 물 · 하여금 사 · 슬플 비 · 기쁠 환 · 극진할 극

음식은 반드시 골고루 먹어라

마땅 당 · 하여금 령 · 마실 음 · 먹을 식 · 고를 균

아무리 몸에 좋은 음식도 많이 먹으면 독이 됩니다. 하물며 몸에 안 좋은 음식만 먹고 몸에 좋은 음식을 적게 먹으면, 우리 몸은 점점 약해지고 병에 걸릴 수밖에 없어요. 좋은 음식을 골고루 먹는 것이 건강을 지키는 방법입니다.

어휘+

슬플
- 자비: 남을 깊이 사랑하고 가엾게 여김
- 희비: 기쁨과 슬픔

2월 8일

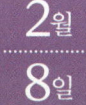

득인차인 득계차계

명심보감

참을 수 있으면 참고

얻을 득   참을 인   또 차   참을 인

경계할 수 있거든 경계하라

얻을 득   경계할 계   또 차   경계할 계

사람이 자기 마음대로 모두 말하고 행동할 수는 없습니다. 세상 사람들이 모두 그렇게 한다면 사람들은 모두 서로 심하게 싸우게 될 것입니다. 말하고 싶고 행동하고 싶어도 참아야 할 때는 참을 줄 알아야 합니다.

어휘+

 또
- 구차: 몹시 가난하고 궁색함
- 중차대: 매우 중요하고 또 큰 일

11월 21일   325

식담정신상 심청몽매안

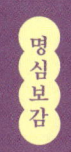
명심보감

음식이 맑으면 정신이 밝아지고

밥 식 　맑을 담 　정할 정 　정신 신 　시원할 상

마음이 맑으면 편히 잘 수 있다

마음 심 　맑을 청 　꿈 몽 　잘 매 　편안 안

사람의 몸은 자신이 먹은 음식으로 이루어집니다. 여러분이 과자와 사탕 그리고 패스트푸드같은 인스턴트 음식을 주로 먹으면 여러분의 몸은 점점 나빠지게 됩니다. 몸에 나쁜 음식을 줄이고 몸에 좋은 음식을 먹도록 노력합시다.

  마음 심
- 조심: 잘못이나 실수가 없도록 말과 행동에 마음을 씀
- 진심: 거짓 없는 참된 마음

2월 9일　40

아휴인시화 인휴아시복

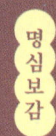
명심보감

내가 다른 사람을 해롭게 하면 이것이 화이며

나 아 · 해 입힐 휴 · 사람 인 · 이 시 · 재앙 화

다른 사람이 나를 해롭게 하면 이것이 복이다

사람 인 · 해 입힐 휴 · 나 아 · 이 시 · 복 복

남이 나를 해치는 것이 왜 복일까요? 사람은 문제를 해결하면서 성장하기 때문입니다. 아무런 문제를 겪지 않는 사람은 결국 아무런 문제도 해결할 수 없는 무능한 사람인 셈입니다. 여러분에게 문제가 생긴다면 여러분이 성장할 기회라고 생각하길 바랍니다.

나 아
- 자아: 자기 자신에 대한 의식
- 아군: 우리 편 군대

막끽공심다 소식중야반

명심보감

"어젯밤에 치킨을 먹고 바로 잤더니…."

빈속에 차를 마시지 말고

~하지 말라 **막** / 먹을 **끽** / 빌 **공** / 마음 **심** / 차 **다**

밤중에는 밥을 적게 먹어라

적을 **소** / 밥 **식** / 가운데 **중** / 밤 **야** / 밥 **반**

자기 전에 음식을 먹으면 몸에 좋지 않아요. 밥을 먹고 바로 누우면 체하거나 식도염, 장염 같은 병에 걸리기 쉽습니다. 따라서 늦은 시간에는 음식에 욕심내지 않고, 음식을 먹더라도 충분히 소화를 시킨 후 잠자리에 들도록 합니다.

어휘+

밥 **반**
- 반찬: 밥에 곁들여 먹는 음식
- 잔반: 먹고 남은 밥과 음식

2월 10일

제인지급 구인지위

명심보감

남의 급한 일은 도와주고

건널 제   사람 인   어조사 지   급할 급

남의 위태로운 일은 구하여라

구원할 구   사람 인   어조사 지   위태할 위

거북이는 한번 뒤집어지면 혼자 힘으로 똑바로 설 수 없습니다. 이때 거북이를 다시 똑바로 세우는 것은 주변에 있는 거북이들입니다. 사람도 살다 보면 혼자 해결할 수 없는 문제에 빠질 수 있습니다. 이때 서로 도와가며 문제를 해결해야 합니다.

어휘+

건널 제
- 구제: 자연 재해나 사회적 피해를 입은 사람을 도와줌
- 변제: 남에게 진 빚을 갚음

11월 19일   323

심가일 형불가불노

명심보감

마음은 편안해도 좋지만

마음 심   옳을 가   편안할 일

몸은 일하지 않으면 안 된다

모양 형   아닐 불   옳을 가   아닐 불   일할 노

몸이 너무 편하면 온갖 잡스러운 생각이 들고 마음이 불편해집니다. 반대로 몸을 쓰면 부정적인 생각이 사라지고 마음이 편해집니다. 마음이 좋지 않을 때는 운동을 하거나 어른을 도와 집안일을 해 보세요. 몸이 바빠야 마음이 건강해집니다.

어휘+

 옳을
- 불가: 옳지 않은 것
- 허가: 행동이나 일을 하도록 허락함

2월 11일 — 42

민인지흉 낙인지선

명심보감

남의 흉한 일을 안타깝게 여기고

답답할 민　사람 인　어조사 지　흉할 흉

남의 좋은 일을 즐거워하라

즐길 락　사람 인　어조사 지　착할 선

다른 사람의 일을 내 일처럼 여기면 그 사람과 진정으로 가까워질 수 있습니다. 남의 안 좋은 일에는 진심으로 안타까워하고 남의 좋은 일에 진심으로 함께 기뻐하는 것입니다. 만약 이를 반대로 한다면 누구도 여러분의 친구가 되려 하지 않을 것입니다.

어휘＋

 답답할 민
- 고민: 마음속으로 괴로워하고 애를 태움
- 번민: 마음이 번거롭고 답답하여 괴로워함

형불로즉 태타이폐

명심보감

몸이 일하지 않으면 곧

모양 형   아닐 불   일할 로   곧 즉

게을러져서 허물어지기 쉽다

게으를 태   게으를 타   쉬울 이   폐단 폐

사람의 몸과 마음은 긴밀하게 연결되어 있습니다. 몸이 게을러지면 마음도 게을러지고, 반대로 마음이 게을러지면 몸도 게을러집니다. 그러니 꾸준히 몸을 움직여 몸과 마음의 건강을 모두 챙기도록 합니다.

어휘＋

 모양 형

- **형태**: 사물의 생김새나 모양
- **형성**: 어떤 모양을 이룸

2월 12일   43

해인인해 여휴진

명심보감

다른 사람을 해치고 나서
사람들이 나를 해친다고

 害 해할 해   人 사람 인   人 사람 인   害 해할 해

성내지 말아라

 汝 너 여   休 그칠 휴   嗔 성낼 진

내 동생 따돌리고 괴롭힌 애들, 가만 안 둘 거야.

누군가 여러분을 해친다면 갚아 주고 싶을 겁니다. 사람의 마음은 모두 똑같습니다. 여러분이 누군가에게 피해를 준다면 그 사람 역시 여러분에게 그것을 갚아 주려 할 것입니다. 그러니 다른 사람에게 해를 끼쳐서는 안 됩니다.

어휘＋

 害 해할 해
- 방해: 남의 일을 간섭하고 막아 해를 끼침
- 상해: 남의 몸에 상처를 내어 해를 끼침

11월 17일　321

남상 도상신

명심보감

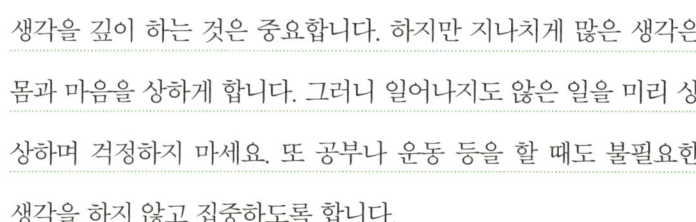

생각이 너무 지나치면

넘칠 람   생각 상

정신을 상하게 한다

무리 도   다칠 상   정신 신

생각을 깊이 하는 것은 중요합니다. 하지만 지나치게 많은 생각은 몸과 마음을 상하게 합니다. 그러니 일어나지도 않은 일을 미리 상상하며 걱정하지 마세요. 또 공부나 운동 등을 할 때도 불필요한 생각을 하지 않고 집중하도록 합니다.

어휘➕

생각 상
- 상상: 실제로 경험하지 않은 일을 마음속으로 그려 봄
- 환상: 가능성 없는 헛된 생각

 2월 13일

 44

유세막사진 세진원상봉

명심보감

힘이 세다고 함부로 사람을 부리지 마라

있을 유 / 형세 세 / 하지 말 막 / 부릴 사 / 다할 진

힘이 다하면 원수와 만나게 된다

형세 세 / 다할 진 / 원통할 원 / 서로 상 / 만날 봉

내가 심부름 하나만 부탁해도 될까?

힘이 세다고 약한 사람을 괴롭히는 아이들이 있습니다. 하지만 세상에 영원한 것은 없습니다. 시간이 지나면 강한 사람이 약해지고 약한 사람이 강해지기도 합니다. 그러면 결국 자신이 행동한 대로 고스란히 돌려받게 될 것입니다.

어휘＋

 勢

형세 **세**
- 세력: 권력이나 기세의 힘
- 자세: 몸을 움직이거나 가누는 모양

11월 16일 · 320

안부장식 병시회

명심보감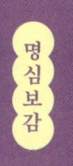

몸이 건강할 때 쉬지 않으면

 安 편안 안   不 아닐 부   將 취할 장   息 쉴 식

병 들고 후회한다

 病 병 병   時 때 시   悔 뉘우칠 회

기계는 고장 나면 부품만 갈아 끼워 쉽게 고칠 수 있습니다. 그러나 사람의 몸은 한번 건강을 잃거나 크게 다치면 원래 몸 상태로 되돌리기 힘들어요. 자칫 잘못 다치면 평생을 아프거나 후회하며 살아야 할 수 있으니 언제나 안전과 건강에 유의하도록 합니다.

어휘+ 將 장수 장
- 대장: 한 무리의 우두머리
- 장군: 군을 지휘 통솔하는 군인의 우두머리

2월 14일 45

평생부작추미사 세상응무절치인

명심보감

평생에 눈살 찌푸릴 일을 하지 않으면

 平 평평할 평
 生 살 생
 不 아닐 부
 作 지을 작
 皺 주름 추
 眉 눈썹 미
 事 일 사

세상에 이를 갈 사람 없으리라

 世 세상 세
 上 윗 상
 應 응할 응
 無 없을 무
 切 끊을 절
 齒 이 치
 人 사람 인

나쁜 행동으로 다른 이의 눈살을 찌푸리게 하면 그만큼 자신을 싫어하는 사람이 늘어날 수밖에 없습니다. 어떤 행동을 할 때는 그 행동이 나에게는 물론 다른 사람들이 보기에도 옳은지 한 번 더 생각하고 행동하기 바랍니다.

어휘+

 平 평평할 평
- 평평: 바닥이 고르고 판판함
- 평화: 평온하고 화목함

11월 15일 — 319

녕무병이식추반 불유병이복양약

명심보감

병 없이 거친 밥을 먹는 것이

      飯

편안할 녕 / 없을 무 / 병 병 / 말 이을 이 / 먹을 식 / 거칠 추 / 밥 반

병이 있어 좋은 약을 먹는 것보다 낫다

아닐 불 / 있을 유 / 병 병 / 말 이을 이 / 약 먹을 복 / 좋을 량 / 약 약

> 부상이 심하지 않아서 다행이야.

행복하려면 먼저 몸과 마음이 편안해야 합니다. 몸과 마음이 아프면 그 어떤 좋은 일도 소용이 없습니다. 세상에서 제일 가는 부자라 해도 아파서 침대에 누워만 있다면 큰 돈도 아무 소용 없을 것입니다. 돈과 재물은 모두 건강할 때만 의미가 있습니다.

어휘+

 어질 량

- 양심: 옳고 그름, 선과 악을 판단하는 마음
- 불량: 행실이나 성품이 나쁨

2월 15일 — 46

내설시비자 편시시비인

명심보감

옳고 그름을 따지는 사람이

來 說 是 非 者
올 래(내) 말씀 설 옳을 시 그를 비 사람 자

곧 시비를 일삼는 사람이다

便 是 是 非 人
편할 편 이 시 옳을 시 아닐 비 사람 인

옳고 그름은 중요합니다. 하지만 옳고 그름을 따지며 남들과 시시비비하는 것은 좋지 못합니다. 스스로 옳은 행동을 하고 옳지 않은 행동을 하지 않는 것이 중요할 뿐, 남에게 그걸 강요하고 따질 필요는 없기 때문입니다.

어휘＋

便 편할 편
- 편의: 형편이나 조건 따위가 편하고 좋음
- 편안: 편하고 걱정 없이 좋음

심안모옥온 성정채갱향

명심보감

마음이 편안하면 초가집도 편안하고

마음 심 / 편안 안 / 띠 모 / 집 옥 / 편안할 온

성품이 안정되면 나물국도 향기롭다

성품 성 / 정할 정 / 나물 채 / 국 갱 / 향기 향

"잠깐 할머니댁에 가 있어. 정리되는 대로 연락할게."

마음이 편안하면 허름한 집에 살아도 행복하고, 마음이 불편하면 좋은 집에 살아도 불행합니다. 만약 여러분이 불행하다면 그것은 주변 환경보다 내 마음 상태가 좋지 않은 것입니다. 내 마음을 갈고 닦으면 어떤 상황에서도 행복해질 수 있습니다.

어휘＋

香 향기 향
- 향기: 꽃, 향 등에서 나는 좋은 냄새
- 향수: 좋은 향이 나는 액체 화장품

2월 16일

의인막용 용인물의

명심보감

의심스러운 사람은 쓰지 말고

의심할 의 사람 인 하지 말 막 쓸 용

일단 사람을 쓴다면 의심하지 말아라

쓸 용 사람 인 말 물 의심할 의

사람은 함부로 사귀면 안 됩니다. 행동이 좋지 않거나 의심스러운 사람은 사귀지 않아야 합니다. 하지만 한번 사귀기로 했다면 상대를 믿어 주는 것이 중요합니다. 기본적인 믿음과 신뢰가 없으면 관계를 유지하기란 어렵기 때문입니다.

어휘+

 의심할 의
- 의심: 확실히 알 수 없어 믿지 못하는 마음
- 의혹: 의심하여 수상히 여김

11월 13일

기취비상락 수방불측우

명심보감

평소와 다른 과한 즐거움을 누렸다면

이미 기 가질 취 아닐 비 항상 상 즐길 락

뜻하지 않은 근심에 대비하여라

모름지기 수 막을 방 아닐 불 헤아릴 측 근심 우

엄마 이제 일해야 하니까 자리 좀 비켜 줄래?

저 30분만요.

맛있는 음식을 너무 많이 먹으면 배가 아프거나 심한 배탈로 고생할 수 있습니다. 게임을 너무 오래 하면 눈이 따갑고 머리가 아플 수 있습니다. 이처럼 어떤 일을 평소보다 과하게 했다면 아프기 쉬우니 미리미리 주의해야 합니다.

어휘+

 가질 취
- 취급: 물건을 사용하거나 소재나 대상으로 삼음
- 취사: 끼니로 먹을 음식을 만드는 일

2월 17일

범사유인정 후래호상견

명심보감

모든 일에 따뜻한 정을 남겨 두면

무릇 범 / 일 사 / 머무를 유 / 사람 인 / 뜻 정

나중에 좋은 얼굴로 다시 만날 수 있다

뒤 후 / 올 래 / 좋을 호 / 서로 상 / 볼 견

세상은 생각보다 좁아서 과거에 한 번 만났던 사람을 다시 만나게 되는 일이 생각보다 잦습니다. 그래서 만약 어떤 사람과 나쁘게 헤어지게 되면 나중에 다시 만날 때 서로 불편하게 됩니다. 사람을 대할 때는 나중에 다시 만나게 된다는 것을 염두에 두길 바랍니다.

어휘+

뒤 후
- 최후: 맨 마지막
- 후원: 뒤에서 도와줌

11월 12일 **316**

미귀삼척토 난보백년신

명심보감

흙 속으로 돌아가기 전에는

아닐 미 / 돌아갈 귀 / 석 삼 / 자 척 / 흙 토

백 년을 살기 어렵다

어려울 난 / 지킬 보 / 일백 백 / 해 년 / 몸 신

어릴 때는 마치 자신이 영원히 살 것처럼 생각합니다. 하지만 세상에 영원히 사는 사람은 없습니다. 모든 사람은 언젠가 죽습니다. 그러므로 살아 있는 동안 의미 있게 사는 것이 중요합니다.

어휘 +

석
- 삼국: 세 나라
- 삼 형제: 형과 아우가 총 3명인 경우

2월 18일 49

악인 매선인 선인 총부대

명심보감

악한 사람이 착한 사람을 꾸짖거든

 악할 악   사람 인   꾸짖을 매   착할 선   사람 인

착한 사람은 조금도 대꾸하지 말아라

 착할 선   사람 인   다 총   아닐 부   대할 대

나쁜 사람들은 대개 자신이 나쁜 사람인지 모르는 경우가 많습니다. 때로는 자신이 나쁘다는 걸 알면서 올바른 척하기 위해 다른 사람을 일부러 탓하는 경우도 있습니다. 이런 사람에게는 대응하지 않고 무시하는 것이 가장 좋은 방법입니다.

어휘+

 對 대할 대
- 대화: 마주 대하여 이야기를 주고받음
- 대응: 어떤 일에 맞추어 태도나 행동을 취함

소선 난감중재
심경 불의독행

명심보감

작은 배는 무거운 짐을
견디기 어려우니

작을 소　배 선　어려울 난　견딜 감　무거울 중　실을 재

으슥한 길은 홀로 다니기에
적당하지 않다

깊을 심　좁은 길 경　아닐 불　마땅 의　홀로 독　다닐 행

작은 사람이 큰 사람을 이기기 어렵고, 한 사람이 여러 사람을 이기기 어렵습니다. 그러니 자신의 안전을 위해 스스로 주의해야 합니다. 인적이 드물거나 어두운 곳을 피하고, 되도록 사람이 많고 밝은 곳으로 다니세요. 그래야 문제가 생겼을 때 다른 이의 도움을 받을 수 있습니다.

어휘+

船　배 선
- 선박: 사람이나 짐을 싣고 다니도록 만든 배
- 범선: 돛을 단 배

2월 19일　50

손인종자실 의세화상수

명심보감

남에게 손해를 입히면
마침내 자신도 손해를 입게 되며

 손해볼 손
 사람 인
 마칠 종
 스스로 자
 잃을 실

권세에 의지하면
화가 잇달아 따라온다

 의지할 의
 형세 세
 재앙 화
 서로 상
 따를 수

나무나 풀은 사람이 베도 가만히 있지만 사람은 그렇지 않습니다. 사람은 자신에게 해를 끼치는 사람에게 반드시 복수를 하려 합니다. 그러니 다른 사람에게 손해를 입히면 자신도 반드시 손해를 입게 될 것임을 알아야 합니다.

어휘＋

損 덜 손

- 파손: 깨어져 못 쓰게 됨
- 손익: 손해와 이익

11월 10일

314

상구물다 능작질

명심보감

입에 잘 맞는 음식도 많이 먹으면

시원할 상　입 구　말 물　많을 다

병이 생긴다

능할 능　지을 작　병 질

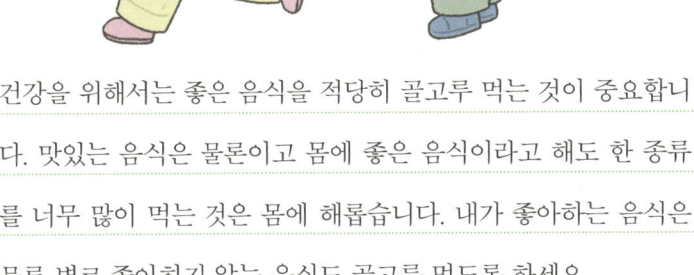

"하나만 먹는 게 어때?"

건강을 위해서는 좋은 음식을 적당히 골고루 먹는 것이 중요합니다. 맛있는 음식은 물론이고 몸에 좋은 음식이라고 해도 한 종류를 너무 많이 먹는 것은 몸에 해롭습니다. 내가 좋아하는 음식은 물론 별로 좋아하지 않는 음식도 골고루 먹도록 하세요.

어휘＋

 입
- 인구: 한 지역에 사는 사람의 총수
- 출구: 밖으로 나가는 통로

2월 20일　51

함혈분인 선오기구

명심보감

입에 피를 머금고
다른 사람에게 뿜으려면

머금을 함 피 혈 뿜을 분 사람 인

먼저 자신의 입이 더러워지는 법이다

먼저 선 더러울 오 그 기 입 구

입에 피를 머금어 다른 사람에게 뿜는다는 것은 다른 사람에게 나쁜 말을 한다는 뜻입니다. 다른 사람에게 욕을 하는 사람은 자신의 입이 먼저 더러워졌음을 깨달아야 합니다. 남을 더럽히려면 먼저 나부터 더러워지는 법입니다.

 피 혈
- **혈액**: 몸 안에서 산소와 영양분을 공급하는 붉은색 액체
- **헌혈**: 피가 부족한 환자를 위하여 피를 뽑아 줌

여기병후능복약 불약병전능자방

명심보감

병이 난 후 약을 먹는 것은

與 (더불 여) 　其 (그 기) 　病 (병 병) 　後 (뒤 후) 　能 (능할 능) 　服 (약 먹을 복) 　藥 (약 약)

병 나기 전 예방하는 것만 못하다

不 (아닐 불) 　若 (같을 약) 　病 (병 병) 　前 (앞 전) 　能 (능할 능) 　自 (스스로 자) 　妨 (방해할 방)

"배가 많이 아프면 약을 좀 먹어 보겠니?"

아프면 약을 먹고 치료하면 그만이라고 생각하는 친구들이 있습니다. 하지만 우리의 몸은 한번 병이 나면 예전으로 돌아가기 어렵고, 완전히 고쳐지지 않는 병도 많습니다. 그러니 몸이 건강할 때 자만하지 말고 몸 관리를 꾸준히 하도록 합니다.

어휘+

藥 약 **약**
- 약국: 약사가 약을 조제해 파는 곳
- 보약: 몸의 기력을 보충해 주는 약

2월 21일

상인지어 환시자상

명심보감

말풍선: 겁먹지 말고 천천히 해 봐. 자신감만 붙으면 금방 탈 수 있을 거야.

다른 사람을 다치게 하는 말은

다칠 상　사람 인　어조사 지　말씀 어

돌아와 스스로를 다치게 한다

돌아올 환　이 시　스스로 자　다칠 상

나쁜 말은 칼과 같아 사람을 다치게 합니다. 말에 상처를 입은 사람은 그 상처를 돌려주려 하게 되지요. 내가 뱉은 말은 반드시 나에게 돌아온다는 사실을 기억하고, 그 말 그대로 내게 다시 돌아와도 괜찮은 말이라고 생각될 때만 그렇게 말하세요.

어휘＋

 다칠 **상**
- 부상: 몸에 상처를 입힘
- 동상: 추위 때문에 피부와 살이 얼어 상하는 일

11월 8일　312

무약가의 경상수

명심보감

약으로도 재상의 목숨을

없을 무 약 약 옳을 가 고칠 의

고칠 수는 없다

벼슬 경 서로 상 목숨 수

재상만큼 높은 자리에 있는 사람의 목숨도 약으로 구할 수는 없습니다. 사람의 건강은 많은 돈과 권력으로도 얻을 수 없으니 건강할 때 스스로 지켜야 합니다.

* 재상: 높은 벼슬의 이름.

어휘+

의원 의
- 의료: 의술로 병을 고침
- 의원: 의사가 의료 행위를 하는 곳

2월 22일  53

욕량타인 선수자량

명심보감

다른 사람을 평가하려거든

욕심 욕　잴 량　다를 타　사람 인

먼저 스스로를 평가해라

먼저 선　모름지기 수　스스로 자　잴 량

다른 사람을 평가하기는 쉽습니다. 요리를 전혀 할 줄 몰라도 다른 사람 요리에 대해 말하기란 쉬운 것처럼 말이죠. 다른 사람을 평가하기 전에 먼저 자기 자신을 되돌아보세요. 여러분은 지적받을 만한 점이 하나도 없는 사람인가요?

어휘+

욕심 욕
- 과욕: 욕심이 지나침
- 식욕: 음식을 먹고 싶어 하는 욕망

 11월 7일

 311

일성지화 능소만경지신

명심보감

한 점의 불씨가

한 일   별 성   어조사 지   불 화

만 경의 섶을 불태울 수 있다

능할 능   불사를 소   일 만 만   이랑 경   어조사 지   섶 신

작은 불씨가 퍼져 나가 큰 불이 될 수 있듯, 살다 보면 사소한 문제도 큰 문제로 불거질 수 있습니다. 한 예로, 양치질이 귀찮아 매일 대충대충 하면 훗날 잇몸이 상하고 이가 썩어 음식을 제대로 먹기 힘들 수 있지요. 이처럼 작은 문제라도 그것이 어떤 문제를 일으킬 수 있는지를 잘 생각해 볼 필요가 있습니다.

어휘+

 별
- 행성: 수성, 금성 지구처럼 중심 별의 주위를 도는 천체
- 첨성대: 별을 관측하기 위해 높이 쌓은 대

막담타단 미시기장

사자소학

다른 사람의 단점을 말하지 말고

하지 말 막 　 말씀 담 　 다를 타 　 적을 단

자기의 장점을 믿지 말라

쓰러질 미 　 믿을 시 　 자기 기 　 나을 장

사람은 자신의 장점과 다른 사람의 단점은 쉽게 발견하면서 자신의 단점과 다른 사람의 장점은 잘 발견하지 못합니다. 그리고 다른 사람의 단점이 보여도 그것을 말하는 것은 큰 실례입니다. 오직 자신의 부족한 점만 찾아 고치려고 노력하세요.

어휘+

 짧을 단
- **단점**: 잘못되고 모자라는 점
- **단축**: 시간이나 거리 따위가 짧게 줄어듦

인약개상 불병즉사

명심보감

사람이 떳떳하지 못하게 살면

사람 인　같을 약　고칠 개　떳떳할 상

병에 걸리거나 죽게 된다

아닐 불　병 병　곧 즉　죽을 사

사람의 병 중 많은 부분이 마음에서 생겨납니다. 마음이 불안하고 우울하거나 떳떳하지 못하고 무거운 마음은 가슴을 답답하게 해 결국 몸의 병을 불러옵니다. 떳떳하고 활기차게 행동하여 몸과 마음을 건강하게 가꾸도록 합니다.

어휘+

 고칠 개
- 개혁: 제도나 기구 따위를 새롭게 뜯어고침
- 회개: 잘못을 뉘우치고 고침

2월 24일 — 55

예속상교 환난상휼

사자소학

올바른 풍속은 서로 주고받고

 예도 례   풍속 속   서로 상   사귈 교

근심과 어려움은 서로 돌보아라

 근심 환   어려울 난   서로 상   돌볼 휼

오빠, 괜찮아?

응, 너무 걱정하지 마.

사람은 살아가면서 많은 근심과 어려움을 겪습니다. 이럴 때 가족과 친구가 도와주면 다시 힘을 내어 살아갈 수 있습니다. 어려움을 겪는 친구가 있다면 마음을 다해 도와주세요. 다음번에 여러분이 어려움에 처했을 때 그 친구가 여러분을 도와줄 것입니다.

어휘＋

 서로 상

- 상대: 서로 마주 대함
- 상호: 서로서로 상대가 되는 이쪽과 저쪽 모두

11월 5일 309

병가어소유 화생어해태

명심보감

병은 조금 나은 데서 더 심해지고

병 병　더할 가　어조사 어　작을 소　병 나을 유

재앙은 게으른 데서 생겨난다

재앙 화　날 생　어조사 어　게으를 해　게으를 태

맛있다고 다 먹으면 또 배탈 나.

병이 조금 나았다고 방심하면 병이 더 심해질 수 있습니다. 예를 들어, 감기가 조금 나았다고 금세 차가운 아이스크림을 먹으면 감기가 더 심해지는 것처럼요. 아픈 느낌이 조금 줄었다고 방심하지 말고, 완전히 다 나을 때까지 주의해야 합니다.

어휘+

加 더할 가
- 증가: 양이나 수치가 늘어남
- 추가: 나중에 더 보탬

2월 25일

56

덕업상권 과실상규

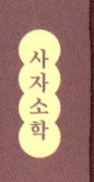 사자소학

덕업은 서로 권하고
 덕 덕   일 업   서로 상   권할 권

과실은 서로 바로잡아라
 허물 과   잘못 실   서로 상   바로잡을 규

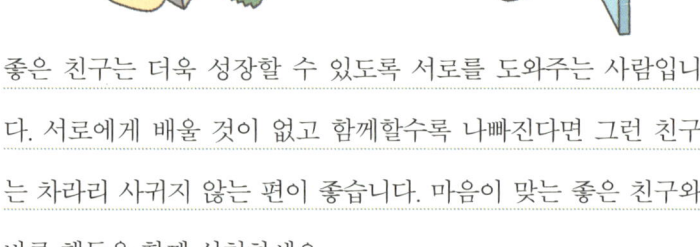

좋은 친구는 더욱 성장할 수 있도록 서로를 도와주는 사람입니다. 서로에게 배울 것이 없고 함께할수록 나빠진다면 그런 친구는 차라리 사귀지 않는 편이 좋습니다. 마음이 맞는 좋은 친구와 바른 행동을 함께 실천하세요.

어휘+

 업 업
- 덕업: 어질고 착한 일
- 졸업: 학생으로서 일을 마침

11월 4일

 308

음식 필신절 자획 필해정

명심보감

음식은 반드시 가려 먹어야 하고

마실 음 / 밥 식 / 반드시 필 / 삼갈 신 / 마디 절

글씨는 반드시 반듯하게 써야 한다

글자 자 / 그을 획 / 반드시 필 / 본보기 해 / 바를 정

입에 넣을 수 있다고 모두 음식은 아닙니다. 맛있게 만들기 위해서 건강에 좋지 않은 온갖 재료를 사용해 만든 음식도 많습니다. 음식의 맛만 생각하지 말고 내 몸에 도움이 되는지도 생각해 보세요.

어휘+

 삼갈 신
- 근신: 말이나 행동을 삼가고 조심함
- 신중: 매우 조심스러움

2월 26일 — 57

면책아과 강직지인

면전에서 나의 잘못을 꾸짖으면

낯 면   꾸짖을 책   나 아   잘못 과

굳세고 정직한 사람이다

굳셀 강   곧을 직   어조사 지   사람 인

누군가 나에게 좋지 않은 말을 하면 사람은 누구나 기분이 나쁩니다. 하지만 그런 좋지 않은 말을 통해 우리는 잘못을 고치고 더 나은 사람이 될 수 있습니다. 누군가 여러분의 잘못을 말할 때 그 말을 귀 기울여 들을 수 있다면 여러분은 크게 성장할 수 있습니다.

어휘+

 굳셀
- 강건: 마음이 곧고 뜻이 굳셈
- 강렬: 성질이 억세고 매서움

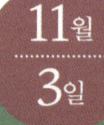
11월 3일   307

시시방화발 야야비적래

명심보감

때때로 불이 나지 않도록 예방하고

 때 시   때 시   막을 방  불 화   필 발

밤마다 도둑이 들지 않도록 주의하라

 밤 야   밤 야   갖출 비   도둑 적   올 래

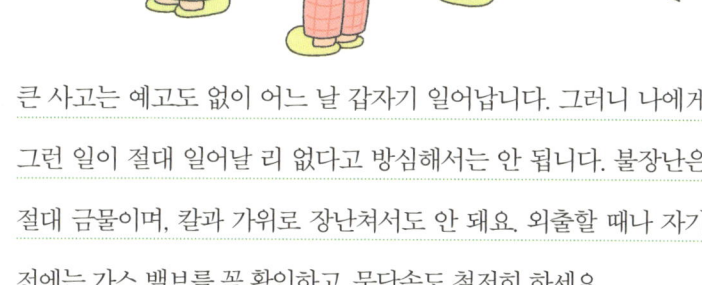

큰 사고는 예고도 없이 어느 날 갑자기 일어납니다. 그러니 나에게 그런 일이 절대 일어날 리 없다고 방심해서는 안 됩니다. 불장난은 절대 금물이며, 칼과 가위로 장난쳐서도 안 돼요. 외출할 때나 자기 전에는 가스 밸브를 꼭 확인하고, 문단속도 철저히 하세요.

어휘+

 불 화
- 진화: 불이 난 것을 끔
- 점화: 불을 켬

 2월 27일

 58

면찬아선 첨유지인

사자소학

면전에서 나의 착한 점을 칭찬하면

낯 면   기릴 찬   나 아   착할 선

아첨하는 사람이다

아첨할 첨   아첨할 유   어조사 지   사람 인

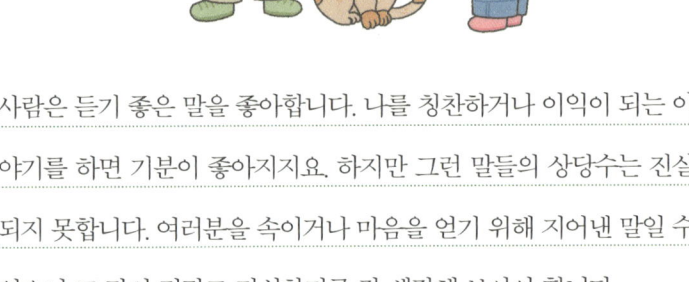

사람은 듣기 좋은 말을 좋아합니다. 나를 칭찬하거나 이익이 되는 이야기를 하면 기분이 좋아지지요. 하지만 그런 말들의 상당수는 진실되지 못합니다. 여러분을 속이거나 마음을 얻기 위해 지어낸 말일 수 있으니 그 말이 정말로 진실한지를 잘 생각해 보아야 합니다.

   낯   ■ 면전: 얼굴 앞, 사람의 바로 앞
               ■ 안면: 얼굴

11월 2일

안분신무욕 지기심자한

명심보감

분수를 지키면 욕될 일이 없고

편안 안   분수 분   몸 신   없을 무   욕될 욕

세상의 이치를 알면 마음이 편안해진다

알 지   틀 기   마음 심   스스로 자   한가할 한

운동 경기에 규칙이 있듯이 세상 모든 일에는 규칙이 존재합니다. 이런 세상의 규칙을 어기는 사람은 겨울에 얇은 옷을 입고 여름에 두꺼운 외투를 입는 것과 같습니다. 세상을 살아가면서 지켜야 할 것들을 잘 지켜야 자신의 몸과 마음도 건강히 지킬 수 있습니다.

어휘+

 한가할 한
- 한가: 겨를이 생겨 여유가 있음
- 한적: 한가하고 고요함

2월 28일

거필택린 취필유덕

사자소학

거처할 때엔 반드시 이웃을 가리고

거처 거 · 반드시 필 · 가릴 택 · 이웃 린

나아갈 때엔 반드시 덕 있는 사람에게 가라

나아갈 취 · 반드시 필 · 있을 유 · 덕 덕

사람은 주변 사람에게 많은 영향을 받습니다. 그래서 미래에 내가 어떤 사람이 될지 알고 싶다면 여러분 주변에 있는 사람을 둘러보면 됩니다. 훌륭한 사람이 되고 싶다면 나쁜 형과 언니들이 있는 곳에는 놀러 가지 않는 것이 좋습니다.

어휘+

 덕
- 도덕: 사람이 마땅히 지켜야 할 규범
- 덕담: 남이 잘되기를 비는 말

11월 1일 · 305

복생어청검 덕생어비퇴

명심보감

복은 맑고 검소한 데서 생기고

복 복 / 날 생 / 어조사 어 / 맑을 청 / 검소할 검

덕은 낮추고 겸손한 데서 생긴다

덕 덕 / 날 생 / 어조사 어 / 낮을 비 / 물러날 퇴

깨끗하고 맑고 검소하게 행동하면 행운과 복이 찾아옵니다. 자신을 스스로 낮출 줄 알고 겸손하면 사람들의 존경을 받게 되기 때문입니다. 거만하게 굴면서 사람들의 존경을 받거나, 나쁘고 못된 행동을 하는데 행운이 찾아오는 사람은 없습니다.

어휘+

맑을 청
- 청결: 맑고 깨끗함
- 청명: 날씨가 깨끗하고 밝음

3월 1일 / 60

이견부장 교지하익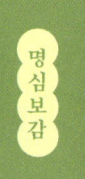

명심보감

너의 견해가 좋지 못하면

너 이 　 볼 견 　 아닐 부 　 나을 장

가르친들 무슨 이로움이 있겠는가?

가르칠 교 　 어조사 지 　 어찌 하 　 이로울 익

나쁜 사람은 배우면 배울수록 우리 사회에 해가 됩니다. 마음이 나쁜 사람은 배운 지식을 나쁜 목적으로 쓸 테니까요. 지식을 배우고 기술을 익히기 전에 배운 것을 바르게 쓸 수 있는 태도를 배우는 것이 우선입니다.

어휘+

 가르칠
- **교육**: 지식과 기술 따위를 가르치며 인격을 길러 줌
- **교훈**: 앞으로 행동에 지침이 될 만한 가르침

10월 31일 　 304

화복무문 유인소소

사자소학

재앙과 복은 들어오는 문이 따로 없어

재앙 화 　복 복 　없을 무 　문 문

오직 사람이 불러들이는 것이다

오직 유 　사람 인 　바 소 　부를 소

여러분이 좋은 말과 행동을 하면 주변 사람들도 여러분에게 좋은 말과 행동을 돌려줍니다. 반대로 여러분이 나쁜 말과 행동을 하면 주변 사람들도 여러분에게 똑같이 돌려줄 것입니다. 행운과 불행은 모두 이런 식으로 사람에게 찾아옵니다.

어휘+

복 복
- 행복: 복된 운수
- 축복: 다른 이의 행복을 빎

3월 2일

염인책자
기행무진

사자소학

사람들의 꾸짖음을 싫어하는 자는

싫어할 염 · 사람 인 · 꾸짖을 책 · 사람 자

그 행동에 진전이 없다

그 기 · 행동 행 · 없을 무 · 나아갈 진

사람은 자신의 부족함을 고칠 때 성장합니다. 부족함을 고치지 않으면 늘 제자리에 머무를 수 밖에 없습니다. 하지만 스스로 자기의 부족함을 알기는 어려우니 다른 사람의 이야기를 통해 나의 부족함을 찾고 고쳐 나가야 합니다.

어휘+

責 꾸짖을 책
- 질책: 꾸짖어서 나무람
- 책망: 허물을 들어 꾸짖음

10월 30일 303

박시후망자 불보

명심보감

조금 베풀고 많이 바라면

엷을 박 베풀 시 두터울 후 바랄 망 사람 자

아무런 보답이 없다

아닐 불 갚을 보

대가 없이 베푸는 행동은 매우 고결한 행동입니다. 이런 행동은 내 마음을 깨끗이 만들어 주고 스스로를 더욱 존경하게 만듭니다. 아무런 기대 없이 다른 사람에게 베풀어 보세요. 여러분 스스로를 더 사랑하게 될 것입니다.

* 고결하다: 성품이 고상하고 순결하다.

 어휘＋

갚을 보
- 보상: 남에게 끼친 손해를 갚음
- 보복: 남이 끼친 해를 그대로 돌려줌

3월 3일 62

독서 기가지본
순리 보가지본

명심보감

독서는 집안을 일으키는 근본이요

읽을 독   글 서   일으킬 기   집 가   어조사 지   근본 본

순리는 집안을 보존하는 근본이다

돌 순   다스릴 리   지킬 보   집 가   어조사 지   근본 본

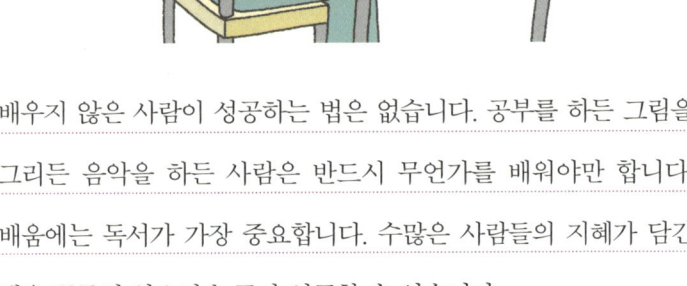

배우지 않은 사람이 성공하는 법은 없습니다. 공부를 하든 그림을 그리든 음악을 하든 사람은 반드시 무언가를 배워야만 합니다. 배움에는 독서가 가장 중요합니다. 수많은 사람들의 지혜가 담긴 책을 꾸준히 읽으면 누구나 성공할 수 있습니다.

어휘+

돌 순
- 순환: 주기적으로 자꾸 되풀이하여 돎
- 순차: 차례를 좇음

10월 29일

302

인생교여치
유시다무종

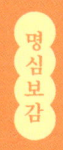
명심보감

사람이 교만하고 사치하면

사람 인 / 살 생 / 교만할 교 / 더불 여 / 사치할 치

시작이 좋아도 끝이 좋지 않다

있을 유 / 비로소 시 / 많을 다 / 없을 무 / 마칠 종

성공한다는 것은 쉽지 않은 일입니다. 그런데 성공보다 더 어려운 일은 성공을 유지하는 것입니다. 성공을 계속 유지하려면 건강한 성품을 지니고 있어야 합니다. 잘난 체하거나 자신이 가진 것을 소중히 여길 줄 모르면 다가왔던 성공도 한순간에 달아나게 됩니다.

어휘+

사치할 치

- 사치: 필요 이상의 돈이나 물건을 씀
- 사치품: 생활의 필요 정도에 넘치는 물품

3월 4일

양전만경 불여박예수신

명심보감

기름진 밭 일만 경이

어질 양 밭 전 일만 만 이랑 경

보잘 것 없는 재주 하나만 못하다

아닐 불 같을 여 엷을 박 재주 예 좇을 수 몸 신

세상에, 정말 잘 그렸구나.

돈이나 재물은 과소비로 모두 써버리거나 도둑을 맞아 언제든지 사라질 수 있습니다. 하지만 지혜와 재주는 남이 빼앗을 수 없고 결코 사라지지도 않습니다. 평생 동안 사용할 수 있는 나만의 지혜와 재주를 길러야 합니다.

어휘＋

 엷을 박
- 희박: 어떤 일이 이루어질 가능성이 적다
- 박빙: 얇게 살짝 언 얼음

10월 28일 301

지위식험 종무라망지문

명심보감

위태함과 험함을 알면

알 **지** / 위태할 **위** / 알 **식** / 험할 **험**

그물에 걸려 끝나는 일은 없을 것이다

마칠 **종** / 없을 **무** / 그물 **라** / 그물 **망** / 어조사 **지** / 문 **문**

물고기가 낚시 바늘을 무는 이유는 먹이 안에 날카로운 바늘이 있음을 모르기 때문입니다. 모든 이익에는 나를 상하게 할 만한 위험이 있습니다. 이익을 얻으려다 죄를 짓거나, 망신을 당하고, 몸이 상할 수 있으니 자신을 상하게 할 이익의 함정 속으로 뛰어들지 않도록 합니다.

어휘+

識 / 험할 **험**
- 모험: 위험을 무릅쓴 일
- 탐험: 위험을 무릅쓰고 어떤 곳을 찾아가고 조사함

3월 5일 — 64

불경일사 부장일지

명심보감

하나의 일을 경험하지 않으면

아닐 불 　 지날 경 　 한 일 　 일 사

하나의 지혜가 자라지 않는다

아닐 부 　 자랄 장 　 한 일 　 지혜 지

사람의 지혜는 경험을 통해 쌓여갑니다. 어떤 일을 경험해보고 나면 그 일에 대한 자기만의 생각이 생기게 되죠. 좋은 일을 겪으면 좋은 일을 겪은 대로 나쁜 일을 겪으면 나쁜 일을 겪은 대로 무언가를 배울 수 있습니다.

어휘+

 지날 경

- **경험**: 자신이 실제로 해 보거나 겪은 일
- **경력**: 여러 가지 일을 겪어 지내 옴

10월 27일 · 300

명지 가이섭위난

명심보감

밝은 지혜를 가지면
明 밝을 명 　 智 지혜 지

위태로움과 어려움을 건널 수 있다
可 옳을 가 　 以 써 이 　 涉 건널 섭 　 危 위태할 위 　 難 어려울 난

"이건 먹어도 돼."

"엄마가 낯선 사람이 주는 음식은 먹지 말라셨어요."

사람은 살아가면서 다양한 어려움을 겪습니다. 어릴 땐 이런 어려움을 부모님이 해결해 주지만 어른이 되면 스스로 해결해야 합니다. 위태롭고 어려운 문제를 해결하기 위해서는 지혜를 길러야 합니다. 책을 읽고 스스로 생각하는 습관을 들여 지혜를 기르도록 합시다.

어휘+

涉 건널 섭
- **간섭**: 직접 관계가 없는 남의 일에 부당하게 참견함
- **섭렵**: 많은 책을 읽거나 여기저기 찾아다니며 경험함

3월 6일　65

지락 막여독서

명심보감

지극한 즐거움으로는

지극할 지　즐길 락

독서와 같은 것이 없다

없을 막　같을 여　읽을 독　글 서

세상에 재미있는 놀이는 많지만 익숙해지면 금세 질립니다. 이유는 대부분의 놀이가 매우 얕고 단순하기 때문입니다. 반면 독서는 그 깊이가 매우 깊어서 하면 할수록 점점 더 깊은 즐거움을 알 수 있습니다. 여러분도 꾸준한 독서로 그 즐거움을 느낄 수 있기를 바랍니다.

어휘+

 없을 막

- 막중: 더할 수 없이 중대하다
- 막대: 더할 수 없을 만큼 많거나 크다

은의광시
인생하처불상봉

명심보감

너그러이 은혜를 베풀어라

은혜 은 옳을 의 너그러울 광 베풀 시

살다 보면 다시 만나게 된다

사람 인 살 생 어찌 하 곳 처 아닐 불 서로 상 만날 봉

준비물 안 챙겨왔으면 같이 할래?

걱정했었는데 챙겨줘서 고마워.

살다 보면 예전에 만났던 사람을 다시 만나는 일이 생각보다 많습니다. 초등학교 친구를 같은 고등학교에서 만나거나 성인이 되어 만나기도 합니다. 지금 다른 사람에게 도움을 주다 보면 언젠가 내가 어려울 때 그 사람이 여러분을 도울 수도 있습니다.

어휘＋

넓을 광
- 광고: 세상에 널리 알림
- 광대: 크고 넓음

3월 7일

66

학여불급 유공실지

명심보감

배워도 배워도 부족한 것처럼 배우고

배울 학 　같을 여 　아닐 불 　미칠 급

배운 것을 잃을까 근심해라

생각할 유 　두려울 공 　잃을 실 　어조사 지

잘 안 되는 동작은 계속 따라 해봐야지.

공부와 배움에는 끝이 없습니다. 배워도 배워도 새로운 것이 있기 때문에 계속해서 배워야 합니다. 그러나 어리석은 사람은 작은 것을 배우고도 자신이 모두 다 안다고 착각합니다. 배울 때는 늘 무엇을 더 배워야 하는지 고민해야 합니다.

어휘+

 두려울

- 공포: 두렵고 무서움
- 공갈: 공포를 느끼도록 윽박지르며 남을 억누름

수원막결 노봉협처 난회피

명심보감

원수를 만들지 마라

 원수 수   원수 원   하지 말 막   맺을 결

어려운 상황에서 만나면 피하기 어렵다

 길 노   만날 봉   좁을 협  곳 처   어려울 난   돌아올 회   피할 피

'원수는 외나무다리에서 만난다.'는 속담이 있습니다. 나와 사이가 좋지 않은 사람은 언젠가는 피할 수 없는 곳에서 만나게 된다는 뜻입니다. 그러니 평소에 나쁜 말과 행동으로 원수를 만들지 않도록 합니다.

어휘+

 맺을 결
- 결과: 어떤 원인으로 생기는 결말
- 연결: 사물과 사물을 서로 이음

3월 8일

타일면장 회지이노

명심보감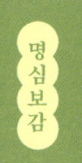

배우지 않다가
나중에 벽을 보듯 답답하여

他　　日　　面　　牆
다를 타　날 일　낯 면　담 장

뉘우쳐도 이미 늙었구나

悔　　之　　已　　老
뉘우칠 회　어조사 지　이미 이　늙을 노

우리 아들이 설명해 주니 이제 좀 이해가 가는구나!

배워야 할 때 배우지 못한 사람들은 나중에 나이가 들어 후회합니다. 공부를 하지 않아 여러 가지 어려움을 겪은 뒤 '어릴 때 열심히 공부할 걸.' 하고 생각하는 것이죠. 하지만 시간을 돌이킬 수는 없습니다. 지금부터라도 늦지 않았습니다.

어휘➕

뉘우칠 회
- 후회: 이전의 잘못을 깨치고 뉘우침
- 참회: 잘못을 깨닫고 깊이 뉘우침

10월 24일　297

인지덕행 겸양위상

사자소학

사람의 덕행은

 사람 **인**   어조사 **지**   덕 **덕**   행할 **행**

겸손과 사양이 제일이다

 겸손할 **겸**   사양할 **양**   할 **위**   윗 **상**

사람은 누구나 자기 자신을 사랑합니다. 그래서 늘 좋은 것을 가지고 싶고, 자기 자랑도 하고 싶죠. 이런 욕심을 이겨낸 겸손과 사양은 그 어떤 덕행보다 아름답습니다. 겸손한 태도로 살아간다면 주변 사람들에게 진짜 존경을 받을 수 있습니다.

윗 **상**
- 비상: 날아오름
- 상륙: 배에서 내려 육지에 오름

3월 9일   68

학자 여화여도 불학자 여호여초

명심보감

배운 사람은 벼와 같고

배울 학 사람 자 같을 여 벼 화 같을 여 벼 도

배우지 않은 사람은 잡초와 같다

아닐 불 배울 학 사람 자 같을 여 쑥 호 같을 여 풀 초

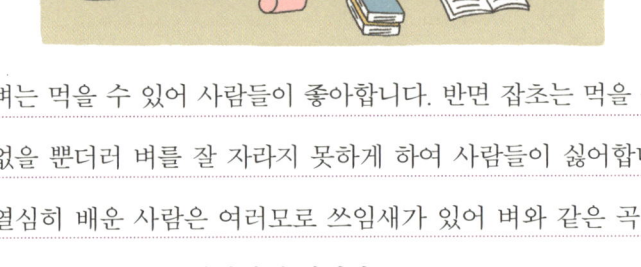

벼는 먹을 수 있어 사람들이 좋아합니다. 반면 잡초는 먹을 수도 없을 뿐더러 벼를 잘 자라지 못하게 하여 사람들이 싫어합니다. 열심히 배운 사람은 여러모로 쓰임새가 있어 벼와 같은 곡식처럼 많은 사람에게 사랑받게 됩니다.

어휘+

풀 초
- 화초: 꽃이 피는 풀과 나무
- 초원: 풀이 나 있는 들판

10월 23일 296

위선자 천보지이복
위불선자 천보지이화

명심보감

선한 사람에게는
하늘이 복으로 갚고

할 위　착할 선　사람 자　하늘 천　갚을 보　어조사 지　써 이　복 복

악한 사람에게는
하늘이 재앙으로 갚는다

할 위　아닐 불　착할 선　사람 자　하늘 천　갚을 보　어조사 지　써 이　재앙 화

사람은 누구나 착한 사람을 좋아하고 나쁜 사람을 싫어합니다. 그래서 착한 사람은 주변 모든 사람이 좋아하고 그만큼 좋은 일도 많이 생깁니다. 반대로 나쁜 사람은 주변 모든 사람이 싫어하기 때문에 그만큼 나쁜 일도 많이 생기게 됩니다.

어휘➕

 할 위
- 행위: 사람이 의지를 가지고 하는 짓
- 당위: 마땅히 그렇게 하거나 되어야 하는 것

3월 10일　69

학자 내신지보
학자 내세지진

명심보감

배움은 몸의 보배요

배울 학 / 사람 자 / 이에 내 / 몸 신 / 어조사 지 / 보배 보

배운 사람은 세상의 보배다

배울 학 / 사람 자 / 이에 내 / 몸 신 / 어조사 지 / 보배 진

사람은 오직 배움을 통해 성장합니다. 그래서 배우지 않는 사람은 늘 제자리에 머물러 있게 됩니다. 열심히 배우면 나의 몸과 마음이 자라게 되고 그렇게 성장한 사람은 세상을 더 밝게 빛낼 수 있습니다.

어휘 +

 보배 보
- 보물: 드물고 귀한 가치가 있는 보배로운 물건
- 보석: 다이아몬드처럼 귀하고 아름다운 광물

10월 22일 — 295

물이선소이불위 물이악소이위지

명심보감

선이 작다고 하지 않으면 안 되고

말 물 써 이 착할 선 작을 소 말 이을 이 아닐 불 할 위

악이 작다고 해서는 안 된다

말 물 써 이 악할 악 작을 소 말 이을 이 할 위 어조사 지

사람들은 작은 잘못을 저지를 때 이 정도는 괜찮다고 생각합니다. 하지만 '바늘 도둑이 소도둑 된다.'는 속담처럼 아무리 작은 잘못이라도 점점 커져 나중에는 걷잡을 수 없게 됩니다. 작은 잘못이 큰 잘못이 되지 않도록 작은 잘못도 함부로 해서는 안 되겠습니다.

 작을 소
- 소인: 나이가 어린 사람
- 왜소: 몸이 작고 초라함

3월 11일  70

부약근학 명내광영

명심보감

부유한 이가 부지런히 배운다면

부유할 부　같을 약　부지런할 근　배울 학

이름이 더욱 빛날 것이다

이름 명　이에 내　빛 광　영화 영

훌륭한 업적을 남긴 사람은 아주 오래도록 그 이름이 기억됩니다. 수백 년이 지났지만 여전히 우리가 세종대왕과 이순신 장군을 기억하고 존경하는 이유입니다. 여러분도 열심히 노력한다면 많은 사람들이 기억하는 훌륭한 사람이 될 수 있습니다.

어휘+

 이름 명
- 성명: 성과 이름
- 누명: 사실이 아닌 일로 이름을 더럽히는 억울한 평판

10월 21일　294

견선여갈 문악여롱

명심보감

선을 보거든 갈증 난 것 같이 하고

볼 견 　 착할 선 　 같을 여 　 목마를 갈

악을 듣거든 귀먹은 것처럼 하라

들을 문 　 악할 악 　 같을 여 　 귀먹을 롱

목이 말라 물을 찾듯이 올바른 말과 행동을 찾아 실천해 보세요. 주변 사람이 올바른 말과 행동을 할 때 함께하는 겁니다. 반대로 나쁜 말과 행동을 듣고 보게 된다면 못 듣고 못 본 것처럼 해 보세요. 함부로 따라하거나 동조하지 않고 거리를 두는 겁니다.

어휘+

같을 여
- 여전: 전과 같음
- 여차: 상태, 모양, 성질 따위가 이와 같음

빈약근학 가이립신

명심보감

가난한 이가 부지런히 배운다면

가난할 빈 같을 약 부지런할 근 배울 학

입신할 수 있을 것이다

가히 가 써 이 설 립 몸 신

사회에서 능력을 발휘하고 높은 자리에 오르는 것은 오직 그 사람의 능력을 통해서만 이루어집니다. 지금의 상황과는 크게 상관이 없습니다. 지금은 힘들어도 열심히 공부하면 반드시 좋은 날이 올 것입니다.

어휘+

설 립
- 입신: 사회에서 기반을 닦아 높은 자리에 오름
- 독립: 다른 것에 묶이거나 의존하지 않은 상태가 됨

10월 20일 293

선사수탐 악사막락

명심보감

착한 일은 모름지기 탐내어 하고

 착할 선   일 사   모름지기 수   탐낼 탐

악한 일을 즐기지 않도록 하라

 악할 악   일 사   없을 막   즐길 락

나쁜 행동을 보거나 들었을 때 여러분의 기분은 어땠나요? 기분이 나빴다면 여러분이 착한 사람이라는 증거입니다. 욕을 하거나 거짓말하는 등의 행동이 아무렇지도 않다면 스스로를 조심해야 합니다. 그런 행동이 반복되다 보면 결국에는 큰 벌이 있을 것이기 때문입니다.

어휘+

 즐길 **락**

- **오락**: 여러 가지 방법으로 기분을 즐겁게 하는 일
- **쾌락**: 유쾌하고 즐거움

3월 13일 / 72

가약부
불가시부이태학

명심보감

집이 만약 부유해도

家　　若　　富
집 가　같을 약　부유할 부

부유함을 믿고 배움을 게을리해서는 안 된다

不　　可　　恃　　富　　而　　怠　　學
아닐 불　옳을 가　믿을 시　부유할 부　말 이을 이　게으를 태　배울 학

돈은 제자리에 머물러 있지 않습니다. 돈은 그것을 벌고 지킬 능력이 있는 사람에게는 찾아가지만 그렇지 않은 사람에게서는 빠져나갑니다. 여러분이 지금 돈이 많고 부유해도 능력이 없다면 한순간 모두 사라질 것입니다.

어휘+

學　배울 학
- 학교: 학생을 교육하는 나라의 기관
- 학생: 학교에 다니면서 공부하는 사람

10월 19일 / 292

일일행악 악자유여

명심보감

단 하루 악을 행하더라도

한 一   날 日   행할 行   악할 惡

악은 그대로 남게 된다

악할 惡   스스로 自   있을 有   남을 餘

나쁜 행동을 하고도 그것이 작거나, 어쩌다 한 번이기에 문제가 되지 않는다고 생각하는 사람들이 있어요. 그러나 악한 행동은 쉽게 사라지지 않아요. 나와 사람들의 머릿속에 그대로 남아 있습니다. 그리고 그것은 계속해서 우리에게 나쁜 영향을 끼칩니다.

    날 **일**
- **생일**: 태어난 날
- **일기**: 날마의 일, 생각, 감정 등을 적은 개인 기록

가약빈 불가인빈이폐학

명심보감

가난 때문에
家 若 貧
집 가 / 같을 약 / 가난할 빈

배움을 포기해서는 안 된다
不 可 因 貧 而 廢 學
아닐 불 / 옳을 가 / 인할 인 / 가난할 빈 / 말 이을 이 / 폐할 폐 / 배울 학

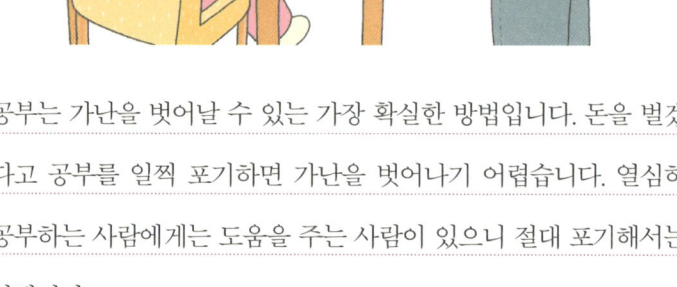

공부는 가난을 벗어날 수 있는 가장 확실한 방법입니다. 돈을 벌겠다고 공부를 일찍 포기하면 가난을 벗어나기 어렵습니다. 열심히 공부하는 사람에게는 도움을 주는 사람이 있으니 절대 포기해서는 안됩니다.

어휘 +
因 인할 **인**
- 원인: 어떤 변화를 일으키는 근본된 사건
- 인과: 원인과 결과

10월 18일 — 291

일일행선 복수미지 화자원의

명심보감

착한 일을 하루 한다고 해서

한 일 　 날 일 　 행할 행 　 착할 선

복이 금방 오지 않으나

복 복 　 비록 수 　 아닐 미 　 이를 지

화는 스스로 멀어진다

재앙 화 　 스스로 자 　 멀 원 　 어조사 의

착한 일을 한다고 그 즉시 좋은 일이 일어나지는 않아요. 하지만 착한 일을 하면 내게 다가오던 나쁜 일은 점차 멀어집니다. 나를 미워하던 사람들과 벌 주려는 사람들이 그 착한 행동을 보며 마음을 바꿔 먹기 때문입니다.

어휘+

至 이를 지
- 지독: 참기 어려울 정도로 심함
- 지고: 더 없이 높음

인불통고금 마우이금거

명심보감

사람이 옛날과 지금의 일을 배우지 않으면

 人 사람 인　 不 아닐 불　 通 통할 통　 古 옛 고　 今 이제 금

말과 소에 옷을 입힌 것과 같다

 馬 말 마　 牛 소 우　 而 말 이을 이　 襟 옷깃 금　 裾 자락 거

사람이 동물과 다른 점은 배운다는 것입니다. 사람으로 태어나도 아무것도 배우지 않고 태어난 모습 그대로 산다면 동물과 무엇이 다를까요? 열심히 배우고 익혀야 사람다운 모습으로 살 수 있습니다.

어휘+

古 옛 고
- 최고: 가장 오래됨
- 고대: 옛 시대

10월 17일　290

일일행악 화수미지 복자원의

명심보감

나쁜 일을 하루 한다고 해서

한 일 　날 일 　행할 행 　나쁠 악

재앙이 금방 오지 않으나

재앙 화 　비록 수 　아닐 미 　이를 지

복은 스스로 멀어진다

복 복 　스스로 자 　멀 원 　어조사 의

나쁜 일을 한다고 그 즉시 나쁜 일이 일어나지는 않아요. 그러나 나쁜 일을 하면 내게 다가오던 좋은 일들은 점차 멀어집니다. 나를 좋아하고 내게 상을 주려던 사람들이 그 나쁜 행동을 보고 마음을 바꿔 먹기 때문입니다.

어휘＋

 아닐 미
- 미래: 앞으로 올 때
- 미흡: 아직 흡족하지 못하거나 만족스럽지 않음

3월 16일 · 75

인생불학 여명명야행

명심보감

사람이 배우지 않으면

人 生 不 學
사람 인　날 생　아닐 불　배울 학

어둡고 어두운 밤길을
다니는 것과 같다

如　冥　冥　夜　行
같을 여　어두울 명　어두울 명　밤 야　다닐 행

캄캄한 밤길을 불빛 하나 없이 걸으면 부딪히고 넘어져 다치기 쉽습니다. 배우지 않고 세상을 산다는 것은 이렇게 불빛 없이 밤길을 걷는 것과 마찬가지입니다. 열심히 배워 자신의 인생에 불빛을 켜 보세요.

 어휘+

冥 어두울 명
- 명암: 밝음과 어둠
- 명복: 죽은 뒤 저승에서 받는 복

10월 16일　289

순천자존 역천자망

명심보감

하늘의 이치를 따르면 살아남고

따를 순　하늘 천　사람 자　있을 존

하늘의 이치를 거스르면 망한다

거스를 역　하늘 천　사람 자　망할 망

어머! 도둑이 번개를 맞았네?

하늘의 이치란 세상이 돌아가는 원리를 말합니다. 착한 일을 하면 좋은 일이 생기고, 나쁜 일을 하면 벌을 받게 되는 것들이 모두 하늘의 이치입니다. 세상 돌아가는 원리에 맞게 행동하면 성공할 수 있지만, 반대로 행동하면 반드시 망하게 됩니다.

어휘+

따를 순
- 순리: 도리나 이치를 따름
- 순종: 순순히 따름

3월 17일   76

옥불탁 불성기 인불학 부지의

명심보감

옥은 다듬지 않으면 그릇이 되지 못하고

구슬 옥 / 아닐 불 / 다듬을 탁 / 아닐 불 / 이룰 성 / 그릇 기

사람이 배우지 않으면 옳음을 알지 못한다

사람 인 / 아닐 불 / 배울 학 / 아닐 부 / 알 지 / 옳을 의

보석은 땅에서 파낸 후 이물질을 제거하고 가공해야 비로소 아름다워집니다. 사람 역시 태어난 처음 모습 그대로 훌륭한 사람은 없습니다. 배우고 익혀야 비로소 훌륭한 사람이 될 수 있습니다.

어휘＋

玉 구슬 옥
- 백옥: 빛깔이 하얀 옥
- 옥새: 옥으로 만든 임금의 도장

비고역비원 도지재인심

명심보감

높은 곳도 먼 곳도 아닌

아닐 비 높을 고 또 역 아닐 비 멀 원

모두 다만 사람의 마음 안에 있다

모두 도 다만 지 있을 재 사람 인 마음 심

무엇이 옳고 무엇이 그른지, 어떻게 알 수 있을까요? 어른들의 말씀을 듣거나 책을 읽어서도 알 수 있지만 가장 중요한 것은 자신의 마음입니다. 내 마음 속 양심이 무엇이 옳고 그른지 분명히 알고 있습니다. 다른 사람이 괜찮다고 해도 <u>스스로</u> 나쁜 행동이라고 생각된다면 행해서는 안 됩니다.

어휘 ➕

- 멀
- 원근: 멀고 가까움
- 요원: 아득히 멂

3월 18일

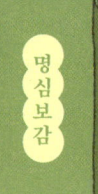 명심보감

학이지원 여피상운 이도청천

배워서 지혜가 깊어짐은

배울 학　말 이을 이　슬기 지　멀 원

*상서로운 구름을 타고

같을 여　헤칠 피　상서 상　구름 운

푸른 하늘을 보는 것과 같다

말 이을 이　볼 도　푸를 청　하늘 천

지혜는 세상의 이치를 깨달아 올바른 선택을 할 수 있는 힘입니다.

열심히 공부하고 생각해 지혜를 얻은 사람은 늘 현명한 선택을 할 수 있고 자기 자신에 대한 믿음을 가질 수 있습니다.

* 상서롭다: 복되고 길한 일이 일어날 조짐이 있다.

어휘+

智 슬기 지
- **지혜**: 사물의 이치를 깨닫고 현명하게 판단하는 정신적 능력
- **지식**: 어떤 대상에 대하여 알게 된 명확한 인식이나 이해

10월 14일　287

인간사어 천청약뢰

명심보감

사람이 혼자 한 말이라도

사람 인   사이 간   사사로울 사   말씀 어

하늘에게는 우레처럼 크게 들린다

   雷
하늘 천   들을 청   같을 약   우레 뢰

작은 목소리로 말하면 아무도 못 들을 것 같지만 그렇지 않습니다. '낮말은 새가 듣고 밤말은 쥐가 듣는다.'는 속담처럼 우리의 말은 언제나 밖으로 새어 나갈 수 있고 다른 사람이 들을 수 있습니다. 따라서 남을 비난하거나 헐뜯는 나쁜 말을 할 때는 상대방이 반드시 듣게 될 것을 각오하고 말해야 합니다.

 사이 간
- 간격: 공간과 공간이 벌어진 사이
- 기간: 언제부터 언제까지의 사이

3월 19일   78

인지불학 여등천이무술

명심보감

사람이 배우지 않음은

사람 인 / 어조사 지 / 아닐 불 / 배울 학

재주 없이 하늘에 오르려는 것과 같다

같을 여 / 오를 등 / 하늘 천 / 말 이을 이 / 없을 무 / 재주 술

사람은 배워야 세상을 잘 살아갈 수 있습니다. 배우지 않은 사람은 생각이 짧고 어리석어 무엇 하나 제대로 이룰 수 없습니다. 특히 어릴 때 배워 둔 것은 평생을 가기 때문에 지금부터 열심히 공부해야 합니다.

어휘+

오를 등
- 등장: 무대나 연단 따위에 나옴
- 등산: 운동, 여가 등의 목적으로 산에 오름

암실기심
신목여전

명심보감

어두운 방에서 마음을 속일지라도

어두울 암   집 실   속일 기   마음 심

신의 눈은 번개와 같다

귀신 신   눈 목   같을 여   번개 전

여러분이 어떤 생각을 하는지 말하지 않아도 아는 사람이 있습니다. 바로 자기 자신입니다. 세상 사람은 속일 수 있어도 자기 자신을 속일 수는 없어요. 나쁜 생각은 생각일 뿐이지만 스스로에게 나쁜 영향을 미칩니다. 나쁜 생각을 내려 놓고 좋은 생각을 하도록 노력해야 합니다.

어휘+

집
- 실내: 방이나 건물 안
- 온실: 난방 장치를 해 따뜻하게 한 방

3월 20일 79

예불소학 과시회

명심보감

재주는 어릴 때 배워 두지 않으면

재주 예   아닐 불   적을 소   배울 학

때가 지나 후회하게 된다

지날 과   때 시   뉘우칠 회

어릴 때는 부모님이 여러분을 돕고, 시간도 많이 주어지기 때문에 무언가를 배우기에 좋습니다. 하지만 나이가 들면 도움을 주는 사람도 없고 일을 해야 하기 때문에 시간도 부족합니다. 그러니 지금이야말로 열심히 배우고 익힐 때입니다.

어휘+

재주 예
- 공예: 물건을 만드는 기술에 관한 재주
- 무예: 무도에 관한 재주

10월 12일 285

명심보감

오이를 심으면 오이를 얻고

씨 종 　오이 과　얻을 득　오이 과

콩을 심으면 콩을 얻을 것이다

씨 종　콩 두　얻을 득　콩 두

오이를 심은 곳에 오이가 나고, 콩을 심은 곳에 콩이 나는 것이 세상의 이치입니다. 여러분은 지금 성실, 예의, 노력이라는 씨앗을 심고 있나요? 아니면 거짓, 태만, 불신을 심고 있나요? 그 씨앗은 당장은 아니라도 언젠가 여러분에게 돌아오게 될 것입니다.

어휘 ➕

 씨
- 파종: 곡식 등을 키우기 위해 논밭에 씨를 뿌림
- 멸종: 생물의 한 종류가 없어짐

3월 21일

분토지장 불가오야

명심보감

더러운 흙으로 쌓은 담은

똥 **분**　흙 **토**　어조사 **지**　담 **장**

흙손질을 할 수 없다

아닐 **불**　가능할 **가**　흙손 **오**　어조사 **야**

오물이 섞인 흙으로 만든 담장을 수리한들 그 담장이 튼튼할 수 있을까요? 무언가를 배울 때는 처음에 제대로 배우는 것이 중요합니다. 엉뚱한 생각을 하며 대충 배우면 배우지 않은 것과 마찬가지이니 처음부터 정성껏 제대로 하기 바랍니다.

어휘 +

흙
- **토지**: 사람의 생활과 활동에 이용하는 땅
- **영토**: 한 국가가 통치하는 땅

 10월 11일

 284

화불가행면 복불가재구

명심보감

재앙을 요행으로 피할 수 없고

재앙 화 아닐 불 가능 가 요행 행 면할 면

놓쳐버린 복을 다시 구할 수 없다

복 복 아닐 불 가능 가 거듭 재 구할 구

재앙은 뜻하지 않게 생겨난 불행한 일로써 뜻밖의 행운으로 피할 수는 없습니다. 재앙이 여러분을 덮치지 않도록 평소 말과 행동을 조심해야 합니다. 고운 말을 쓰고 상대를 배려하고 해야할 일을 하는 성실한 태도가 재앙을 막을 수 있습니다.

어휘+

재앙 화
- 화근: 재앙의 근원
- 참화: 비참하고 끔찍한 재난이나 변고

3월 22일 81

후목 불가조야

명심보감

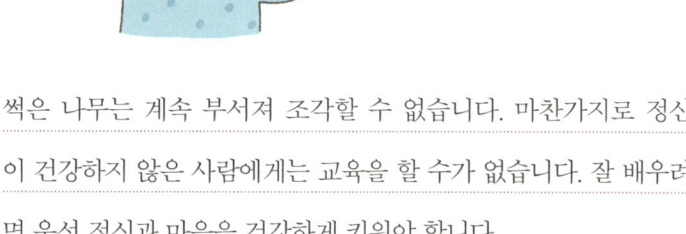

썩은 나무에는

썩을 후   나무 목

조각할 수 없다

아닐 불 가능할 가 새길 조 어조사 야

썩은 나무는 계속 부서져 조각할 수 없습니다. 마찬가지로 정신이 건강하지 않은 사람에게는 교육을 할 수가 없습니다. 잘 배우려면 우선 정신과 마음을 건강하게 키워야 합니다.

어휘+

木 나무 목
- 식목일: 나무 심기를 권장하기 위해 정한 날
- 초목: 풀과 나무

10월 10일 283

천유불측풍우 인유조석화복

명심보감

하늘에는 헤아릴 수 없는
비바람이 있고

하늘 천 있을 유 아닐 불 헤아릴 측 바람 풍 비 우

사람에게는 아침 저녁으로
재앙과 복이 있다

사람 인 있을 유 아침 조 저녁 석 재앙 화 복 복

세상에는 예측할 수 없는 일들이 많습니다. 예상하지 못했던 나쁜 일이 갑자기 나에게 생기기도 하지요. 이럴 때는 일어난 일을 우선 받아들여야 합니다. 일어난 일을 잘 받아들이고 순응하면서 앞으로 어떻게 해야 할지를 생각하는 것이 현명한 행동입니다.

 헤아릴 측
- 예측: 미리 헤아려 짐작함
- 추측: 미루어 생각하여 헤아림

3월 23일 82

범희무익 유근유공

명심보감

놀기만 하면 이로움이 없으니

무릇 범   놀이 희   없을 무   이로울 익

오직 부지런해야만
좋은 결과를 얻을 수 있다

오직 유   부지런할 근   있을 유   업적 공

놀이는 노는 순간에는 즐겁지만 아무것도 남지 않습니다. 반면 부지런히 배우고 익히면 시간이 지나 많은 것이 남습니다. 지금보다 더 나은 삶을 위해서는 놀기만 해서는 안 됩니다. 부지런히 공부하고 익히며 스스로를 발전시켜 나가야 합니다.

어휘 +

 이로울 **익**
- 이익: 물질적, 정신적으로 보탬이 되는 것
- 수익: 이익을 거두어들임

10월 9일 — 282

유복막향진 복진신빈궁

명심보감

복이 있다고 다할 때까지 누리지 마라

有 福 莫 享 盡
있을 유 / 복 복 / 하지 말 막 / 누릴 향 / 다할 진

복이 다하면 몸이 빈궁해진다

福 盡 身 貧 窮
복 복 / 다할 진 / 몸 신 / 가난할 빈 / 궁할 궁

세상에 영원한 것은 없습니다. 모든 것은 반드시 사라지게 됩니다. 그러니 내가 가진 것들을 당연하게 생각하지 말고 소중히 여겨야 합니다. 부모님의 사랑, 친한 친구, 포근한 옷, 재미있는 장난감 등 하나하나의 소중함을 알고, 감사한 마음으로 대하기 바랍니다.

어휘+

盡 다할 진
- 소진: 점점 줄어들어 다 없어짐
- 탕진: 재물 따위를 다 써서 없앰

3월 24일 · 83

비아언모 유성지모

사자소학

내 말은 늙은이의 망령이 아니라

非 我 言 耄
아닐 비 나 아 말씀 언 늙은이 모

오직 *성인들의 지혜이다

惟 聖 之 謀
오직 유 성스러울 성 어조사 지 꾀 모

여기서 '성인'은 어른이 아닌 지혜와 덕이 뛰어나 본받을 만한 사람을 뜻합니다. 성인들의 말씀에는 수천 년 동안 변하지 않는 이 세상에 대한 지혜가 담겨 있습니다. 이런 지혜의 말씀을 귀기울여 들으면 살아가는 데 많은 도움을 얻을 수 있습니다.

* 성인: 지혜와 덕이 뛰어나 본받을 만한 사람.

어휘＋

惟 오직 유
- 유독: 많은 것 가운데 홀로 두드러짐
- 유일: 오직 하나밖에 없음

10월 8일

총명사예 수지이우

명심보감

총명하고 생각이 슬기로워도

귀 밝을 **총** · 밝을 **명** · 생각 **사** · 슬기 **예**

어리석음으로 이를 지켜라

지킬 **수** · 어조사 **지** · 써 **이** · 어리석을 **우**

사람이 총명하고 생각이 빠르면 자칫 잔꾀를 부리기 쉽습니다. 올바른 행동보다는 요령을 부리거나 잔꾀를 내어 남의 눈을 속이기도 하지요. 하지만 이런 거짓은 오래 가지 못하고 반드시 들키게 됩니다. 총명하고 슬기울수록 오히려 더 어리석은 듯 올바른 길을 가야 합니다.

어휘➕

 밝을 **명**
- 청명: 날씨가 맑고 밝음
- 투명: 속이 다 비치도록 맑음

3월 25일 · 84

능지능행 총시사공

사자소학

능히 알 수 있고 행할 수 있는 것은

능할 능 / 알 지 / 능할 능 / 행할 행

모두 스승 덕분이다

모두 총 / ~이다 시 / 스승 사 / 공 공

사람이 태어나서 배우지 않고 아는 것은 단 하나도 없습니다. 여러분이 지금 알고 있는 모든 것은 하나도 빠짐없이 누군가에게 배운 것입니다. 선생님뿐만 아니라 나에게 가르침을 준 모든 이에게 감사하는 마음을 가지도록 합니다.

어휘+

 알
- 무지: 아는 것이 없음
- 지인: 아는 사람

10월 7일

280

복연선경 다인적행이생

명심보감

행복과 경사는

복 **복**　인연 **연**　착할 **선**　경사 **경**

대부분 선행을 쌓은 데서 비롯된다

많을 **다**　인할 **인**　쌓을 **적**　행할 **행**　말 이을 **이**　살 **생**

갑자기 찾아오는 행복과 행운은 일시적일 뿐 오래 지속되지 않습니다. 오래 지속되는 행복과 행운은 언제나 나 자신으로부터 비롯됩니다. 올바르고 착한 행동을 계속하다 보면, 그 결과 행복과 행운이 찾아오는 것이랍니다.

어휘+

인연 **연**
- **인연**: 사람들 사이에 맺어지는 관계
- **연고**: 일의 까닭, 사유

3월 26일

능효능제 막비사은

사자소학

부모님께 효도하고
웃어른을 공경함은

능할 능   효도 효   능할 능   공손할 제

스승의 은혜 아닐 수 없다

없을 막   아닐 비   스승 사   은혜 은

부모님께 효도하고 웃어른을 공경함은 사람으로서 꼭 필요한 덕목입니다. 하지만 바쁘게 살다 보면 이런 점들을 놓치고 함부로 행동하게 됩니다. 지금이라도 이 책을 통해 올바른 태도를 배워 몸에 익히도록 합시다.

 어휘+

 아닐 비
- 비범: 평범하지 않고 아주 뛰어남
- 비난: 남의 잘못이나 결점을 책잡아 나쁘게 말함

10월 6일

물순래이물거 물기거이물추

명심보감

모든 일이 순리대로 오면 막지 말고

만물 물 　따를 순　 올 래　 말 이을 이　 말 물　 막을 거

모든 일이 이미 가버렸으면 쫓지 마라

만물 물　 이미 기　 갈 거　 말 이을 이　 말 물　 쫓을 추

세상 모든 일은 순리에 따라 일어납니다. 봄이 되면 꽃이 피고, 여름이 되면 매미가 울고, 가을이 되면 낙엽이 떨어지며, 겨울이 되면 눈이 옵니다. 이는 자연의 이치로 사람이 어찌할 수 없는 일들입니다. 이 세상은 나와는 비교할 수 없이 크기 때문에, 그곳에서 일어나는 일들을 여러분이 막거나 거스를 수는 없습니다.

어휘+

막을 기
- 거절: 상대의 요구, 제안, 부탁을 받아들이지 않고 물리침
- 항거: 순종하지 않고 버팀

3월 27일

서책낭자 매필정돈

사자소학

책들이 어지러이 깔려 있거든

 글 서   책 책   어지러울 낭   깔 자

매번 반드시 정돈하라

 매양 매   반드시 필   가지런할 정   조아릴 돈

어떤 일을 하는 태도는 그 일과 관련된 물건을 대하는 태도에서 드러납니다. 책을 더럽히고 찢거나 함부로 보관하는 사람이 공부에 열의를 가질 수는 없습니다. 책을 언제나 깨끗이 보관하여 지식과 배움을 소중히 여기는 태도를 가지도록 합니다.

10월 5일 — 278

 어휘+

 글 서
- **독서**: 책을 읽음
- **서재**: 책을 갖추어 두고 책을 읽거나 글을 쓰는 방

신미우이물망 사이과이물사

명심보감

몸이 적당한 때를
만나지 못했으면 바라지 말고

몸 신   아닐 미   만날 우   말 이을 이   말 물   바랄 망

일이 이미 지나갔으면
생각하지 말라

일 사   이미 이   지날 과   말 이을 이   말 물   생각 사

"지난 시험 때 30점 받았다고 그러더니… 목표가 너무 높은 것 아닐까?"

어떤 일을 이루려면 사람의 노력뿐 아니라 적당한 때가 반드시 필요합니다. 아무리 눈이 오게 해 달라 빌어도 한여름에 눈이 올 리 없는 것과 마찬가지입니다. 원하는 것이 있으면 그것이 이루어질 수 있는 적당한 때인지를 생각해 보세요.

어휘 +

 바랄 **망**
- 희망: 어떤 일을 이루거나 하기를 바람
- 갈망: 간절히 바람

3월 28일 

시습문자 자획해정

사자소학

처음 문자를 익힐 때는

처음 시 　익힐 습 　글월 문 　글자 자

글자의 획을 곧고 바르게 써라

글자 자 　그을 획 　곧을 해 　바를 정

어떤 일이든 처음 배울 때 대충대충 하면 그대로 습관이 됩니다. 이렇게 잘못 만들어진 습관을 고치려면 처음보다 몇 배는 많은 힘이 듭니다. 선생님과 부모님이 처음 가르쳐 주실 때 올바른 방법을 잘 익혀 그대로 따르도록 노력하는 게 좋습니다.

어휘 +

 처음 시
- 시초: 맨 처음
- 시동: 처음으로 움직임

만초손 겸수익

명심보감

가득 차면 줄어들게 되고

찰 만　부를 초　덜 손

겸손하면 이익을 받게 된다

겸손할 겸　받을 수　이익 익

세상 모든 것은 마치 달처럼 커졌다 작아졌다를 반복합니다. 충분히 커지면 반드시 작아지고, 오랜 기간 작아지면 반드시 커지게 됩니다. 많은 것을 가졌다면 언젠가 잃을 수 있음에 유의하고, 많은 것을 잃었다면 다시 가지게 될 거라는 희망을 가지세요.

어휘＋

찰 만
- 만족: 마음에 흡족함
- 충만: 한껏 차서 가득함

3월 29일　88

숙흥야매 물라독서

사자소학

일찍 일어나고 밤늦게 자서

이를 숙　일으킬 흥　밤 야　잠잘 매

책 읽기를 게을리하지 말아라

말 물　게으를 라　읽을 독　글 서

일찍 일어나고 밤늦게 자라는 말은 열심히 공부하라는 의미일 뿐 초등학생은 일찍 일어나고 일찍 자는 것이 좋습니다. 성실한 생활은 바로 여기서 출발하니 늦게까지 시간을 쓸데없이 보내지 말고 일찍 잠자리에 들도록 합니다.

밤 야
- 주야: 낮과 밤
- 야광: 어두운 곳에서 빛을 냄

10월 3일

276

만사종관 기복자후

모든 일에 너그러우면

일만 만 · 일 사 · 좇을 종 · 너그러울 관

복은 저절로 두터워진다

그 기 · 복 복 · 스스로 자 · 두터울 후

사람들은 누구나 마음이 너그러운 사람을 좋아합니다. 가끔 할 수 있는 작은 잘못을 심하게 질책한다면 누구라도 마음이 상할 수밖에 없기 때문이죠. 친구를 너그럽게 대한다면 너그러움에 친구들이 감사함을 느낄 것입니다.

 너그러울 관
- 관대: 마음이 너그럽고 큼
- 관용: 남의 잘못을 너그럽게 용서함

선생시교 제자시칙

사자소학

선생님께서 가르침을 베풀어 주시거든

먼저 선　　날 생　　베풀 시　　가르칠 교

제자들은 이를 본받아라

제자 제　　아들 자　　이 시　　본받을 칙

머리로만 배워 아는 척하는 것은 제대로 배우는 것이 아닙니다. 선생님께서 가르치시는 내용이 있으면 그것을 보고 듣고 배워 본받으려 노력해야 합니다. 무엇을 배워 어떻게 실천할지 구체적으로 생각해 보세요.

어휘＋

먼저 선
- 선배: 학교나 직장 생활을 먼저 시작한 사람
- 솔선: 남보다 앞서 함

10월 2일　275

명조지사 박모불가필

명심보감

내일 아침 일을

밝을 명　아침 조　어조사 지　일 사

오늘 저녁에 반드시
그렇게 된다고 할 수 없다

적을 박　저물 모　아닐 불　옳을 가　반드시 필

일은 언제 어떻게 변할지 모릅니다. 밥이 먹고 싶다가 갑자기 면이 먹고 싶을 수도 있고 내일 만나기로 한 약속이 갑자기 취소되기도 하죠. 그러니 세상 일에 '반드시'라는 건 없습니다. 그러니 계획을 세우되, 계획대로 되지 않을 수 있음을 늘 염두에 두세요.

어휘+

朝　아침 조
- 조석: 아침과 저녁
- 조회: 학교 등 에서 아침에 모든 구성원이 모이는 일

3월 31일　90

사사여친 필공필경

사자소학

스승 섬기기는 어버이와 같이 해서

事 師 如 親
일 사 스승 사 같을 여 어버이 친

반드시 공손히 하고 공경하라

必 恭 必 敬
반드시 필 공손할 공 반드시 필 공경할 경

> 선생님의 은혜에 진심으로 감사드려요!
>
> 고맙구나!

옛말에 군사부일체라는 말이 있습니다. 임금과 스승과 부모님은 하나라는 뜻입니다. 선생님은 여러분의 머리와 마음을 길러주는 부모님과 같은 분이십니다. 선생님께 늘 공경하는 마음을 갖고 공손한 태도로 예절을 지키도록 합니다.

어휘+

 스승
- 의사: 병의 치료를 직업으로 하는 사람
- 교사: 학교에서 학생을 가르치는 일을 직업으로 하는 사람

10월 1일

4월 재물

현명하게 돈을 다루자

배움

공부의 즐거움을 알자

황금천냥 미위귀
득인일어승천금

명심보감

황금 천 냥이 귀한 것이 아니다

누를 황 쇠 금 일천 천 냥 냥 아닐 미 할 위 귀할 귀

사람들에게 좋은 말 한 마디 듣는 것이 천금보다 귀하다

얻을 득 사람 인 한 일 말씀 어 이길 승 일천 천 쇠 금

다른 사람에게 듣는 좋은 말 한마디가 천금보다 낫다는 말은, 칭찬 받기 위해 행동하라는 뜻이 아닙니다. 다른 사람의 칭찬을 들을 만큼의 실력을 갖추고 올바르게 살아야 한다는 뜻입니다. 내가 하는 일에 진심과 열정을 다하고 올바르게 행동한다면 그것보다 귀한 것은 없습니다.

참 시원하구나. 고맙다.

어휘+

쇠 金
- 천금: 많은 돈
- 임금: 노동의 대가로 다른 사람에게 받는 돈

4월 1일

목유소양칙 근본고이지엽무 동양지재성

나무를 잘 기르면

나무 목 있을 유 바 소 기를 양 법칙 칙

뿌리가 튼튼하고 가지와 잎이 무성해서

뿌리 근 근본 본 단단할 고 말 이을 이 가지 지 잎 엽 무성할 무

기둥과 들보로 쓸 재목이 이루어진다

마룻대 동 들보 양 어조사 지 재목 재 이룰 성

나무를 잘 기르면 뿌리와 줄기가 튼튼하고 굵게 자라 큰 기둥으로 쓸 수 있습니다. 여러분이 크고 훌륭한 사람이 되고자 한다면 여러분의 마음을 크고 단단하게 키워야 합니다. 그래야 여러 어려움을 견디고 이겨낼 수 있기 때문입니다.

뿌리 근
- 근거: 근본이 되는 거점
- 근원: 사물이 비롯되는 근본이나 원인

9월 30일

춘약불경 추무소망

명심보감

봄에 밭을 갈지 않으면

봄 춘   같을 약   아닐 불   밭 갈 경

가을에 바랄 것이 없다

가을 추   없을 무   것 소   바랄 망

농부는 봄에 농사 일을 하지 않으면 그해 가을에 곡식을 거둘 수 없습니다. 마찬가지로 인생에도 봄과 가을이 있습니다. 여러분 인생에서 봄인 지금 부지런히 배우고 생각하고 운동하지 않는다면 나중에 거둘 수 있는 것 또한 없을 것입니다.

어휘+
 밭 갈 경
- 경작: 땅을 갈아 농사를 지음
- 농경: 논밭을 갈아 농사를 지음

4월 2일

견선종지 지과필개

사자소학

착한 것을 보면 그것을 따르고

볼 견 　 착할 선 　 좇을 종 　 어조사 지

잘못을 알면 반드시 고쳐라

알 지 　 허물 과 　 반드시 필 　 고칠 개

사람은 누구나 흠이 있습니다. 역사적 위인들조차 약간의 흠은 있으니까요. 하지만 점차 옳은 것을 따르고 잘못을 고친 덕분에 모두에게 사랑받는 사람이 될 수 있었습니다. 여러분 역시 그렇게 한다면 모두에게 사랑받는 훌륭한 인물이 될 수 있습니다.

어휘+
 좇을
- 복종: 남의 명령을 그대로 따라서 좇음
- 추종: 남의 뒤를 따라서 좇음

9월 29일 272

귀이망천자 불구

명심보감

높은 자리에 오른 뒤
어려운 시절을 잊은 사람은

귀할 귀　말 이을 이　잊을 망　천할 천　사람 자

오래 가지 못한다

아닐 불　오랠 구

성공한 뒤에는 어려웠던 옛 시절과 그때 했던 노력을 잊기 쉽습니다. 이렇게 행동한다면 성공했다 하더라도 성공을 유지하기 어렵습니다. 어렵게 이룬 성공을 계속 이어 나가려면 결코 노력의 순간을 잊어서는 안 됩니다.

어휘 ➕

잊을 **망**

- 망각: 어떤 사실을 잊어버림
- 건망증: 사소한 일들을 자꾸 잊어버리는 증상

시비종일유 불청자연무

명심보감

옳고 그름을 하루 종일 따져도

옳을 시   아닐 비   마칠 종   날 일   있을 유

듣지 않으면 저절로 없어진다

아닐 불   들을 청   스스로 자   그럴 연   없을 무

옳고 그름을 따지기는 쉬우나 사람마다 입장이 다르고 모두의 상황이 달라 쉽게 결론 내리기 어려운 경우가 많습니다. 옳고 그름에 따라 바르게 행동해야 하지만 이를 따지면서 사람 사이에 시비가 붙는 일은 없어야 하겠습니다.

어휘+

是 옳을 시
- 시비: 옳음과 그름
- 시인: 어떤 내용이나 사실이 옳다고 인정함

9월 28일 — 271

척벽비보 촌음시경

명심보감

커다란 옥구슬이 보배가 아니라

자 척   구슬 벽   아닐 비   보배 보

짧은 시간이 보배이니 아껴야 한다

마디 촌   그늘 음   이 시   다툴 경

반짝이는 보물보다 더 중요한 보물은 바로 '시간'입니다. 시간을 들인다면 여러분은 그 어떤 것도 이루고 만들어 낼 수 있습니다. 하루 동안 주어지는 86,400초의 시간을 여러분은 보물처럼 귀하게 쓰고 있나요?

어휘+

 그늘
- 음지: 볕이 잘 들지 않는 그늘진 곳
- 음모: 나쁜 목적으로 몰래 흉악한 일을 꾸밈

4월 4일 94

대면공화 심격천산

명심보감

마주 보고 대화를 나누어도

대할 대　얼굴 면　한가지 공　말씀 화

마음 사이에는
천 개의 산이 있는 것과 같다

마음 심　사이 뜰 격　일천 천　산 산

사람의 생각과 마음은 모두 다릅니다. 자기 생각이 무조건 옳다고 우겨도 안 되고 다른 사람의 생각을 무작정 따라가서도 안 됩니다. 사람 사이에 다양한 생각이 존재함을 받아들이고 그 안에서 나의 건강한 생각을 만들어 가야 합니다.

 어휘+

 한가지 공
- 공감: 남의 의견이나 감정에 자신도 똑같이 느낌
- 공유: 두 사람 이상이 한 물건을 공동으로 소유함

9월 27일　270

부유사해 수지이겸

명심보감

부유함이 온 바다만큼 있더라도

 부유할 부   있을 유   넉 사   바다 해

겸손함으로 이를 지켜야 한다

 지킬 수   어조사 지   써 이   겸손할 겸

돈이 많고 부유하면 거만해지기 쉬워요. 하지만 쉽게 거만해지는 사람은 부를 오래 지키지 못합니다. 많은 사람에게 시기와 질투, 미움을 받기 때문입니다. 가진 것이 많을수록 겸손함을 보여 주어야 합니다.

어휘＋

 넉
- 사방: 동, 서, 남, 북의 네 방향
- 사계절: 봄, 여름, 가을, 겨울의 4계절

4월 5일 · 95

일식삼손 매념농부지고

명심보감

하루에 세 끼 밥을 먹을 때

날 일   밥 식   석 삼   저녁밥 손

매번 농부의 수고로움을 생각하여라

매양 매   생각 념   농사 농   일꾼 부   어조사 지   애쓸 고

여러분이 살아가는 데 많은 사람이 도움을 주고 있습니다. 가족은 물론 우리가 사용하는 물건을 만드는 사람의 도움도 있습니다. 공부를 가르치고 물건을 배달하고 판매하는 사람의 도움도 있지요. 늘 주변에 감사하는 마음으로 살아가야 합니다.

어휘+

 생각 념
- 염려: 앞일에 대하여 여러 가지로 마음을 써서 걱정함
- 신념: 굳게 믿는 마음

9월 26일 — 269

우생어다욕 화생어다탐

명심보감

근심은 욕심이 많은 데서 생기고

근심 우 / 날 생 / 어조사 어 / 많을 다 / 욕심 욕

재앙은 탐욕이 많은 데서 생긴다

재앙 화 / 날 생 / 어조사 어 / 많을 다 / 탐낼 탐

"지갑을 주웠는데, 경찰서에 갖다 줘야겠지?"

근심, 걱정, 나쁜 일은 모두 욕심이 과해서 생겨납니다. 많은 것을 가지려 하다 보면 이것이 사라질까 봐, 저것은 얻지 못할까 봐 계속 걱정하게 되지요. 또 욕심을 과하게 부리면 옳지 않은 일을 하게 되고, 나쁜 일도 생겨납니다. 욕심만 내려 놓아도 많은 나쁜 일들이 저절로 사라집니다.

어휘+

 많을 다
- 다행: 뜻밖에 일이 잘되어 운이 좋음
- 다정: 정이 많음

4월 6일 96

질투 물기어심

명심보감

남을 시기하고 질투하는 마음을

미워할 질   샘낼 투

일으키지 말아라

말 물   일으킬 기   어조사 어   마음 심

나보다 더 뛰어난 사람을 보면서 그렇게 되려고 노력하다 보면 어느새 성장해 있는 자신을 발견하게 됩니다. 하지만 배우려는 마음 없이 질투하고 시기만 하면 발전하기는커녕 점점 더 못된 마음만 생겨나기 마련입니다.

어휘+
起 일어날 기
- 기상: 잠자리에서 일어남
- 제기: 의견이나 문제를 내놓음

9월 25일 268

임재 막약염

명심보감

재물을 대할 때는

임할 임 재물 재

청렴함이 가장 중요하다

없을 막 같을 약 청렴할 염

사람에게 생기는 문제의 상당수가 돈 때문에 일어납니다. 욕심에 눈이 멀어 잘못된 방법으로 돈을 얻으려다 문제가 생기는 경우가 적지 않죠. 돈은 반드시 필요하고 소중하지만, 돈에 대한 욕심으로 잘못된 행동을 하지는 않도록 주의하세요.

어휘 +

 청렴할 렴
- 청렴: 성품과 행실이 높고 맑으며 탐욕이 없음
- 저렴: 물건 따위의 값이 쌈

4월 7일

일일청한 일일선

명심보감

어느 날 마음이 맑고 편안하다면

한 일 날 일 맑을 청 한가할 한

그날 하루는 신선이 되는 것과 같다

한 일 날 일 신선 선

사람은 끝 모르는 욕심과 이기심에 시달리기 쉽습니다. 여러분 마음 속에도 이런저런 욕심과 힘듦이 있다면 오늘 하루는 그 모두를 탁 털어내 보시기 바랍니다. 아무런 욕심 없이 편안히 있을 수 있다면 여러분도 그 순간에는 신선인 셈입니다.

어휘+

仙 신선 **선**
- 신선: 도를 닦아서 현실 세계를 벗어나 자연과 벗하며 산다는 상상 속 사람
- 선녀: 하늘에 산다는 여자

9월 24일 — 267

부자 용지유절
불부자 가유십도

명심보감

부자에게는 소비에 절제가 있지만

부유할 부 사람 자 쓸 용 어조사 지 있을 유 마디 절

가난한 자의 집에는 열 가지 도둑이 있다

아닐 불 부유할 부 사람 자 집 가 있을 유 열 십 도둑 도

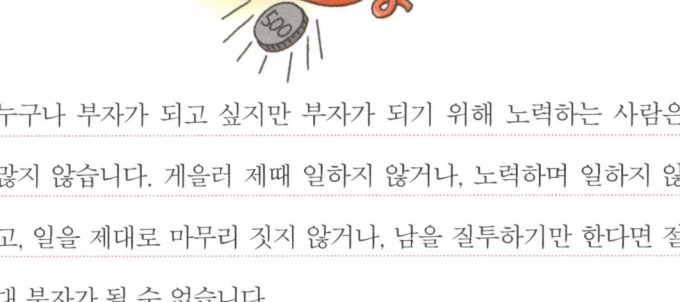

누구나 부자가 되고 싶지만 부자가 되기 위해 노력하는 사람은 많지 않습니다. 게을러 제때 일하지 않거나, 노력하며 일하지 않고, 일을 제대로 마무리 짓지 않거나, 남을 질투하기만 한다면 절대 부자가 될 수 없습니다.

어휘+

도둑 도
- 강도: 폭행, 협박으로 남의 재물을 빼앗는 도둑
- 도청: 남의 이야기를 몰래 엿들음

포난 사음욕 기한 발도심

명심보감

배부르고 따뜻하면
나쁜 욕심이 일어나기 쉬우니

飽 배부를 포 　 煖 더울 난 　 思 생각 사 　 淫 탐할 음 　 慾 욕심 욕

배고프고 추울 때
건강한 마음이 피어난다

飢 주릴 기 　 寒 찰 한 　 發 필 발 　 道 도리 도 　 心 마음 심

정상에 오르니 배가 출출하네요.

야호

목부터 축이고 김밥 먹어요, 우리.

사람은 몸이 너무 편하면 게을러지고 나쁜 마음을 가지기 쉽습니다.

배부르고 따뜻하면 쉬고 싶고 눕고 싶고 자고 싶어지듯 말입니다.

건강한 마음으로 살기 위해서는 적당히 힘든 상황이 필요합니다.

일어나 공부하고 운동하면 몸도 마음도 더욱 건강해질 거예요.

어휘+

飽 배부를 포
- 포식: 배부르게 먹음
- 포만: 넘치도록 가득함

9월 23일　266

대객 부득불풍
치가 부득불검

명심보감

손님 접대는 풍성하게 하고

대접할 대 / 손님 객 / 아닐 부 / 얻을 득 / 아닐 불 / 풍년 풍

살림살이는 검소하게 하라

다스릴 치 / 집 가 / 아닐 부 / 얻을 득 / 아닐 불 / 검소할 검

사람이 살면서 겪는 일의 대부분은 다른 사람과 연관이 있습니다. 주변 사람과 좋은 관계를 맺는 것이 내 인생이 풍요롭고 행복해지는 가장 빠른 길입니다. 그러니 가까운 친구에게는 최대한 너그럽게 대하세요. 그에 대한 보답이 내게 돌아와 나를 더 행복하게 만들어 줄 것입니다.

어휘+

客 손님 객
- 여객: 기차, 비행기, 배 등으로 여행하는 사람
- 관객: 영화, 공연 등을 보는 사람

4월 9일

유유인심지척간 지척인심불가료

명심보감

사람의 마음은 아주 가까이 있어도

생각할 유 / 있을 유 / 사람 인 / 마음 심 / 여덟 치 지 / 자 척 / 사이 간

가히 헤아릴 수 없다

여덟 치 지 / 자 척 / 사람 인 / 마음 심 / 아닐 불 / 가히 가 / 헤아릴 료

'열 길 물속은 알아도 한 길 사람 속은 모른다.'는 속담이 있습니다. 깊은 물속은 살펴봐도 얕은 사람 마음은 살펴볼 수 없다는 의미입니다. 내 마음도 내가 다 모르는데 어떻게 다른 사람의 마음을 알 수 있을까요?

어휘＋

 헤아릴 료

- 재료: 물건을 만드는 데 들어가는 원료
- 자료: 연구나 조사 따위의 바탕이 되는 재료

9월 22일 — 265

재상분명 대장부

명심보감

재물에 대하여 분명한 사람은

재물 재   윗 상   나눌 분   명료할 명

큰 사람이다

클 대   어른 장   사내 부

돈과 재물은 누구에게나 소중합니다. 따라서 돈을 주고 받을 때는 정확하게 해야 합니다. 그러지 않으면 서로 다툼이 일어나고, 문제가 생기기 쉽습니다. 빌린 돈이 있다면, 정확하게 갚아서 신뢰를 지킬 수 있어야 합니다.

어휘+

 재물 재
- 재산: 개인이 가진 돈과 물건 등의 전체
- 횡재: 뜻밖에 재물을 얻음

4월 10일   100

득총사욕 거안려위

명심보감

사랑받을 때는
모욕당할 수 있음을 생각하고

얻을 **득** 사랑할 **총** 생각 **사** 욕될 **욕**

편안할 때는
위태로울 수 있음을 생각하라

살 **거** 편안 **안** 생각할 **려** 위태할 **위**

해는 뜨면 반드시 지고 겨울이 오면 반드시 지나갑니다. 인생에는 늘 좋은 일만 있지도 않고 늘 나쁜 일만 있지도 않습니다. 사랑 받을 때가 있으면 비난 받을 때가 있고 편안할 때가 있으면 위태로울 때가 있습니다. 이를 모두 받아들여야 합니다.

 어휘+

 위태할 **위**
- 위험: 해로움이나 손실이 생길 우려가 있음
- 위기: 위험한 고비나 시기

9월 21일 264

위부절이망가 인불염이실위

명심보감

절약하지 않으면 집안이 망하고

할 위 / 아닐 부 / 절약 절 / 말 이을 이 / 망할 망 / 집 가

청렴하지 않으면 지위를 잃는다

인할 인 / 아닐 불 / 청렴할 염 / 말 이을 이 / 잃을 실 / 자리 위

> 이번 달은 용돈이 좀 남아서 저축할 수 있겠어.

돈은 버는 것보다 쓰는 것이 더 쉽고, 어딘가에서 저절로 생기지도 않습니다. 마음 가는 대로 쓰다 보면 어느새 바닥을 드러내게 되니, 내가 가진 돈을 어디에 어떻게 쓸지 잘 계산해 그 안에서 소비하도록 합니다.

어휘+

 망할 **망**
- **사망**: 사람이 죽음
- **도망**: 피하거나 쫓기어 달아남

4월 11일

숙흥야매 소사충효자 인부지 천필지지

명심보감

아침 일찍 일어나 밤에 잠들 때까지

이를 숙 일 흥 밤 야 잘 매

충효를 생각하는 사람은

바 소 생각 사 충성 충 효도 효 사람 자

남들은 몰라도 하늘은 반드시 이를 안다

사람 인 아닐 부 알 지 하늘 천 반드시 필 알 지 어조사 지

사람의 마음은 보이지 않아 착한 마음을 갖는다고 해서 남들이 바로 알아주는 것은 아닙니다. 하지만 착한 마음을 오랫동안 가지면 그것은 반드시 겉으로 드러나게 됩니다. 마음이 말과 행동과 표정에 모두 묻어나오기 때문입니다.

어휘+

 이를
- 흥분: 어떤 자극으로 감정이 북받쳐 일어남
- 흥미: 흥을 느끼는 재미

9월 20일 · 263

부불검용 빈시회

명심보감

부유할 때 검소하지 않으면

부유할 **부**　아닐 **불**　검소할 **검**　쓸 **용**

가난해진 후 후회하게 된다

가난할 **빈**　때 **시**　뉘우칠 **회**

10년 전만 해도 내가 구걸하는 신세가 될 거라고는 상상도 못 했어.

세상 모든 것은 변합니다. 부자가 가난해지기도 하고, 가난한 사람이 부자가 되기도 합니다. 여러분에게 용돈이 생겼다고 한번에 모두 써버리기보다는, 나중에 돈이 없을 때를 생각해 아껴 쓰는 지혜가 필요합니다.

어휘+

儉 검소할 **검**
- 검소: 사치하지 않고 꾸밈없이 수수함
- 근검: 부지런하고 검소함

4월 12일　102

배후지언 기족심신

명심보감

등 뒤에서 한 말을

등 배　　뒤 후　　어조사 지　　말씀 언

어찌 깊이 믿을 수 있겠는가?

어찌 기　　발 족　　깊을 심　　믿을 신

내 눈앞에서 벌어진 일도 그대로 믿기 힘듭니다. 하물며 남을 통해 들려오는 말을 어떻게 그대로 믿겠습니까? 내 눈으로 직접 보고 직접 들은 것이 아니라면 함부로 믿어서는 안 됩니다. 믿을 수 있는 것과 없는 것을 구분해야 합니다.

어휘＋

등
- 배신: 믿음이나 의리를 저버림
- 배경: 뒤쪽의 경치

가화빈야호 불의부여하

집안이 화목하면
가난해도 즐겁지만

집 가 화할 화 가난할 빈 어조사 야 좋을 호

의롭지 못하다면
부유한들 무엇하겠느냐?

아닐 불 옳을 의 부유할 부 같을 여 어찌 하

어버이 은혜에 감사합니다.

아무리 많은 돈이 있어도 마음이 불편하거나, 가족끼리 싸움이 잦으면 행복할 수 없습니다. 행복하고 싶다면 많은 돈을 가지려 하기보다 올바른 행동으로 내 마음을 편안하게 하고, 가족과 함께 화목함을 유지하도록 하세요.

어휘+ 義 옳을 의
- 정의: 진리에 맞는 올바른 도리
- 의무: 사람으로서 마땅히 해야 할 일

4월 13일

녕무사이가빈 막유사이가부

명심보감

집이 가난해도
편안하고 큰일 없이 사는 것이

寧 無 事 而 家 貧
편안할 녕 / 없을 무 / 일 사 / 말 이을 이 / 집 가 / 가난할 빈

집은 부유해도
큰일을 겪으며 사는 것보다 낫다

莫 有 事 而 家 富
없을 막 / 있을 유 / 일 사 / 말 이을 이 / 집 가 / 부유할 부

아빠표 카레, 한번 맛 좀 봐 줘.

특별한 일 없이 마음 편히 하루를 보내는 것은 정말 큰 행복입니다. 아무 일이 없으면 지루하다고 하는 사람도 있지만 고생을 해 보면 특별한 일이 없는 하루가 얼마나 큰 행복인지 알게 됩니다. 별일 없이 평안한 오늘에 감사하기 바랍니다.

어휘+

寧 편안할 녕
- 안녕: 아무 탈 없이 편안함
- 강녕: 몸이 건강하고 마음이 편안함

9월 18일 — 261

의단친소 지위전

명심보감

의리가 끊어지고 친함이 멀어짐은

의로울 의 끊을 단 친할 친 성길 소

다만 돈 때문이다

다만 지 할 위 돈 전

이 저금통에는 돈이 얼마나 들었을까?

세상을 사는 데 돈은 꼭 필요합니다. 그러나 돈만 쫓다 보면 삶에서 중요한 것을 놓치기 쉽습니다. 돈 때문에 가족 간에 다툼이 생기거나 친구와 우정이 상하기도 합니다. 돈만 쫓다 중요한 것을 놓치지 않도록 하세요.

 어휘 +

 끊을 **단**

- **차단**: 흐름을 막아 통하지 못하게 함
- **중단**: 중도에서 끊어짐

심불부인 면무참색

명심보감

마음으로 남에게 잘못이 없으면

마음 심 / 아닐 불 / 질 부 / 사람 인

얼굴에 부끄러운 기색이 드러나지 않는다

낯 면 / 없을 무 / 부끄러울 참 / 빛 색

스스로 당당하지 못하면 불안함과 죄책감을 느끼기 쉽습니다. 그러니 겉으로든 속으로든 죄를 짓지 말아야 합니다. 잘못된 말과 행동은 물론 나쁜 생각 역시 내 마음 속에 죄가 쌓이는 일입니다. 당당해지고 싶다면 마음을 깨끗이 해야 합니다.

 어휘+

 질 부
- 부담: 어떤 의무나 책임을 짐
- 포부: 마음속에 지니고 있는 미래에 대한 계획과 희망

9월 17일 260

영경욕천 이중해심

명심보감

영화가 가벼우면 욕됨도 적고

영화 영 가벼울 경 욕될 욕 얕을 천

이익이 크면 손해도 크다

이로울 이 무거울 중 해할 해 깊을 심

'산이 높으면 골이 깊다.'는 속담처럼, 높이 올라가면 떨어질 때도 더 많이 떨어지게 됩니다. 많은 사람들에게 사랑받으려면, 많은 사람에게 미움받을 용기가 필요한 것처럼요. 사람은 자기가 감당할 수 있는 만큼만 욕심내야 합니다. 내가 감당할 수 없을 만큼 큰 욕심을 내면 그만큼 마음이 고생합니다.

 영화 영
- 영화: 몸이 귀하게 되어 이름이 세상에 빛남
- 영광: 빛나고 아름다운 영예

담욕대 이심욕소

명심보감

담력은 크게 갖되

쓸개 담　하고자 할 욕　클 대

마음은 세심하게 하여라

말 이을 이　마음 심　하고자 할 욕　작을 소

담대한 사람은 세심하기 어렵고 세심한 사람은 담대하기 어렵습니다. 그런데 크게 성공하는 사람은 담대하면서도 세심합니다. 그러니 스스로 담대하다고 생각하면 더 섬세해지려 노력하고 스스로 섬세하다고 생각한다면 더 담대해지려고 노력하기 바랍니다.

 어휘＋

 膽　쓸개 담
- 담력: 겁이 없고 용감한 기운
- 간담: 간과 쓸개, 속마음

9월 16일　259

심애필심비
심예필심훼

명심보감

지나치게 아끼면
반드시 심한 낭비를 하게 되고

심할 심 　아낄 애　 반드시 필 　심할 심 　쓸 비

지나치게 칭찬하면
반드시 지나찬 비난을 하게된다

심할 심 　기릴 예 　반드시 필 　심할 심 　비방할 훼

오늘은 내가 쏜다! 많이 먹어~

극과 극은 통한다는 말이 있습니다. 돈을 아끼기 위해 너무 아껴 쓰면, 나도 모르는 사이 충동적으로 소비하게 됩니다. 지나침은 모자란 것만 못하다는 말처럼 어떤 일을 하든 너무 과하지 않게 하는 것이 중요합니다.

어휘+

심할 심
- 막심: 더할 나위 없이 심함
- 극심: 매우 심함

4월 16일

106

시은물구보 여인물추회

명심보감

은혜를 베풀었거든 보답을 바라지 말고

 베풀 시　 은혜 은　 말 물　 구할 구　 갚을 보

남에게 주고 나서 후회하지 말아라

 줄 여　 사람 인　 말 물　 쫓을 추　 후회 회

남에게 베푼 뒤에 후회한다면 처음부터 베풀지 않은 것만 못합니다. 기쁜 마음으로 베풀면 행복하고 기분이 좋을 겁니다. 하지만 베풀고 후회한다면 마음이 답답할 겁니다. 후회할 거라면 주지 말고 주었다면 더 이상 후회하지 않도록 합니다.

어휘+

施 베풀 시

- 시술: 의술 따위를 베풀어 실행함
- 시상: 상장, 상품, 상금 따위를 줌

9월 15일　258

명심보감

우인다재 칙익기과

어리석은 사람이 재물이 많아지면

어리석을 우 · 사람 인 · 많을 다 · 재물 재

허물이 더 늘어나게 된다

법칙 칙 · 더할 익 · 그 기 · 지날 과

돈이 많다고 무조건 좋은 것은 아닙니다. 왜냐하면 돈이 많으면 그만큼 사건 사고도 많아지기 때문입니다. 내 돈을 노리는 사람도 많아지고 돈을 제대로 관리하지 않아 곤경에 처하기도 합니다. 돈을 지혜롭게 쓰고 관리할 줄 알아야 합니다.

어휘+

 其   그 기
- 기타: 그 밖의 또 다른 것
- 각기: 저마다의 사람이나 사물

4월 17일   107

용력진세
수지이겁

명심보감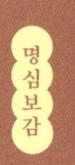

용감함이 세상에 떨칠지라도

용감할 용 　 힘 력 　 떨칠 진 　 세상 세

무서워하는 마음으로써
이를 지켜야 한다

지킬 수 　 어조사 지 　 써 이 　 겁낼 겁

사람은 스스로를 사랑하고 자랑스럽게 생각할 줄 알아야 합니다. 하지만 동시에 자신의 능력을 조심해서 사용할 줄도 알아야 합니다. 똑똑한 사람은 똑똑한 머리를 쓰다 망하고 용감한 사람은 용감함을 믿다 망하기 때문입니다.

어휘+

 힘 력
- 노력: 목적을 이루기 위하여 몸과 마음을 다하여 애씀
- 협력: 힘을 합하여 서로 도움

9월 14일 257

천부생 무록지인

명심보감

하늘은 복록 없는 사람을
天 不 生
하늘 천 / 아닐 불 / 날 생

낳지 않는다
無 祿 之 人
없을 무 / 녹 록 / 어조사 지 / 사람 인

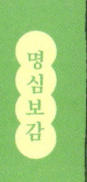

> 체육은 전교 1등인데 국어는 우리 반 꼴찌래요.

> 체육전교1등

> 다음 국어 시험은 좀 더 노력하거라.

모든 사람은 태어날 때 자기만의 복을 타고납니다. 그런데 그 복의 종류는 사람마다 모두 다릅니다. 어떤 사람은 노래를 잘하고 어떤 사람은 운동을 잘합니다. 그러니 다른 사람의 재능을 부러워하기보다 내가 잘할 수 있는 것을 찾아야 합니다.

어휘+

祿

녹 록
- 복록: 타고난 복, 녹봉(옛날 벼슬아치들의 월급)
- 관록: 어떤 일에 대한 경력으로 생긴 위엄과 권위

4월 18일 — 108

이조
단당이책인지심 책기

명심보감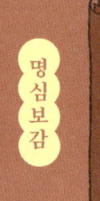

(말풍선) 물건을 미리 치워 둘 걸 그랬네.

너희들은

너 이 무리 조

다른 사람을 꾸짖는 마음으로써

다만 단 마땅 당 써 이 꾸짖을 책 사람 인 어조사 지 마음 심

자기를 꾸짖어라

꾸짖을 책 자기 기

훌륭한 사람은 자기 자신을 갈고닦습니다. 스스로 반성하고 고치지 않으면 훌륭한 사람이 될 수 없기 때문입니다. 남을 탓하는 마음으로 자신의 잘못을 찾아 보세요. 자기의 부족한 점을 잘 알면 더 좋은 사람으로 거듭날 수 있습니다.

어휘+

 다만 단
- 단지: 다른 것이 아니라 오직
- 비단: 부정하는 말 앞에서 '다만', '오직'의 뜻으로 쓰이는 말

9월 13일

대부 유천
소부 유근

명심보감

큰 부자는 하늘에 달렸고

클 대 　부유할 부 　말미암을 유 　하늘 천

작은 부자는 부지런함에 달렸다

작을 소 　부유할 부 　말미암을 유 　부지런할 근

세상이 다 아는 큰 부자는 본인의 노력만으로 가능하지 않습니다. 많은 사람이 돕고, 행운도 연달아 있어야 합니다. 하지만 작은 부자가 되는 건 자신에게 달렸습니다. 부지런히 공부하고 일하면 누구나 작은 부자가 될 수 있습니다.

어휘➕

 말미암을 유
- 이유: 어떠한 결론이나 결과에 이른 까닭이나 근거
- 사유: 일의 까닭

4월 19일　109

어촌심 여육마가면과

명심보감

작은 마음을

말 부릴 어   마디 촌   마음 심

여섯 필의 말을 부리듯 하면 허물을 면할 수 있다

같을 여   여섯 육   말 마   가능할 가   면할 면   허물 과

인간의 마음은 가슴을 열어 들여다보아도 보이지 않습니다. 하지만 그 마음 안에 들어 있는 욕심은 우주보다 큽니다. 이 작은 마음을 어떻게 다루는가가 그 사람의 인생을 결정합니다. 여러분 마음속의 욕심을 다스려 보세요.

어휘+

마디
- 촌각: 매우 짧은 시간
- 삼촌: 아버지의 형제

9월 12일 255

패가지아 용김여분

명심보감

집안을 망칠 아이는

패할 패 　 집 가 　 어조사 지 　 아이 아

황금을 거름 다루듯 펑펑 쓴다

쓸 용 　 쇠 김 　 같을 여 　 비료 분

이따가 같이 피규어 사러 가자.

넌 맨날 뭘 살 생각만 하냐.

성공을 하려면 작은 것도 소중히 여길 줄 알아야 합니다. 하물며 큰 것도 소중한 줄 모르는 사람이 어떻게 성공할 수 있을까요? 여러분은 여러분에게 주어진 모든 것을 소중히 여기나요? 아니면 당연히 생각하며 낭비하고 있나요?

어휘+

패할 **패**
- **패배**: 겨루어 짐
- **실패**: 일을 잘못하여 뜻한 대로 되지 않음

4월 20일   110

부지족자 부귀역우

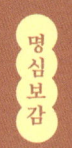

만족함을 알지 못하는 사람은

아닐 부   알 지   만족 족   사람 자

부귀를 누려도 근심스럽다

부유할 부   귀할 귀   또 역   근심 우

만 원이 있으면 십만 원을 바라고 십만 원이 있으면 백만 원을 바라는 것이 사람의 마음입니다. 그래서 만족함을 모르면 아무리 부자라 해도 항상 부족함을 느끼고 근심하고 걱정할 수밖에 없습니다. 지금 가진 것에 감사한 마음을 먼저 가져야 합니다.

 부유할 부
- 부귀: 재산이 많고 지위가 높음
- 부유: 재물이 넉넉함

9월 11일   254

금의포의 갱환착

명심보감

비단옷과 삼베옷을

비단 금   옷 의   베 포   옷 의

바꾸어 입게 된다

다시 갱   바꿀 환   입을 착

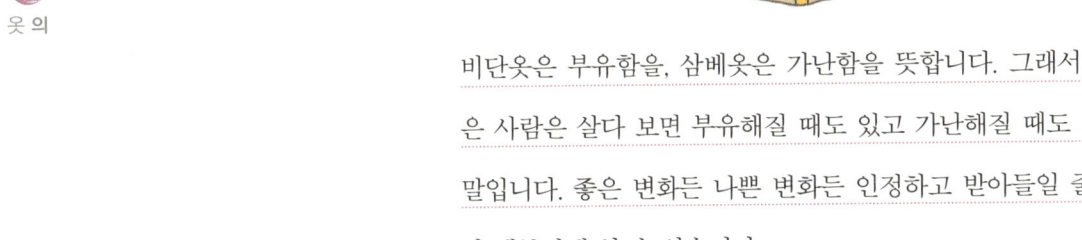

비단옷은 부유함을, 삼베옷은 가난함을 뜻합니다. 그래서 이 말은 사람은 살다 보면 부유해질 때도 있고 가난해질 때도 있다는 말입니다. 좋은 변화든 나쁜 변화든 인정하고 받아들일 줄 알아야 행복하게 살 수 있습니다.

어휘 ➕

베 포
- 환전: 세상에 널리 알림
- 분포: 일정한 범위에 흩어져 퍼져 있음

4월 21일

111

지족자 빈천역락

명심보감

만족함을 아는 사람은

알 지 만족 족 사람 자

가난하고 천하여도 즐겁다

가난할 빈 천할 천 또 역 즐거울 락

여보, 딸. 많이 먹어요~!

사람들은 돈을 많이 벌고 유명해지면 행복할 거라고 생각하지만 그렇지 않습니다. 돈이 많아도 불행한 사람이 있고 가난해도 행복한 사람도 있습니다. 행복은 돈의 많음에서 오는 것이 아니라 만족할 줄 아는 마음에서 옵니다.

어휘+

賤 천할 천

- 미천: 신분이나 지위가 하찮고 천함
- 빈천: 가난하고 천함

9월 10일

253

무의전재 탕발설

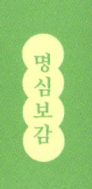
명심보감

옳지 않게 번 돈은

없을 무 옳을 의 돈 전 재물 재

끓는 물에 눈을 뿌린 듯 사라진다

끓일 탕 물 뿌릴 발 눈 설

지갑에 현금이 두둑한데…

주인이 지갑을 애타게 찾겠는걸.

돈을 버는 것은 좋은 일입니다. 하지만 어떻게 버느냐가 중요합니다. 성실하게 돈을 번 사람은 그 돈의 소중함을 알고 돈을 아낍니다. 반면 하루아침에 일확천금을 얻은 사람은 돈의 소중함을 알지 못하고 함부로 쓰게 됩니다. 그러니 올바른 방법으로 돈을 벌어야 합니다.

어휘+

 돈 전

- 환전: 우리 돈과 외국 돈을 서로 바꿈
- 동전: 구리로 만든 돈

4월 22일

지족가락 무탐칙우

명심보감

만족할 줄 알면 가히 즐겁고

알 지 　 만족 족 　 가히 가 　 즐거울 락

탐욕에 힘쓰면 근심스럽다

힘쓸 무 　 탐낼 탐 　 법칙 칙 　 근심 우

> 용돈이 적으니 돈을 모을 수가 없네.

사람은 원하는 것을 얻으면 또 다른 것을 원하게 되어 결코 만족하기 어렵습니다. 그래서 행복은 모든 것을 얻는 데서 오는 것이 아니라 과도한 욕심을 내려 놓는 데서 옵니다. 지금 여러분이 내려 놓을 수 있는 욕심을 찾아 보세요.

어휘＋

힘쓸 무

- 업무: 직장 같은 곳에서 맡아서 하는 일
- 휴무: 직무를 보지 않고 한동안 쉼

9월 9일 — 252

무고이득천금
불유대복 필유대화

명심보감

아무런 이유 없이 큰 돈을 얻는 것은

無 故 而 得 千 金
없을 무 / 연고 고 / 말 이을 이 / 얻을 득 / 일천 천 / 쇠 금

큰 복이 아니라 큰 재앙이 있는 것이다

不 有 大 福 必 有 大 禍
아닐 불 / 있을 유 / 클 대 / 복 복 / 반드시 필 / 있을 유 / 클 대 / 재앙 화

어느 날 뜻하지 않게 큰 돈을 얻으면 기쁘고 행복할 겁니다. 하지만 이럴 때일수록 더욱 조심해야 합니다. 좋은 일이 있을 때 나쁜 일이 따라 오는 경우가 많기 때문입니다. 돈을 흥청망청 써버리거나 쉽게 다 써버리거나 잃어버리지 않도록 조심하기 바랍니다.

어휘+

故 연고 고
- 고향: 자기가 태어나서 자란 곳
- 고인: 죽은 사람

4월 23일 — 113

유정가수 심불가기

명심보감

오직 바른 것을 지키고

오직 유   바를 정   가히 가   지킬 수

마음을 결코 속이지 말라

마음 심   아닐 불   가히 가   속일 기

사람이 절대 속일 수 없는 것이 있습니다. 바로 자기 자신의 마음입니다. 세상 모든 사람을 속여도 자신의 마음만은 속일 수 없습니다. 옳고 그름을 아는 내 마음을 속이지 말고 올바르게 사는 것이 나를 위한 행동입니다.

지킬 수
- 준수: 규칙, 명령 따위를 그대로 좇아서 지킴
- 수호: 지키고 보호함

9월 8일

251

양전만경 일식이승

명심보감

좋은 밭이 만 평이 있어도

좋을 양   밭 전   일만 만   이랑 경

하루에 먹는 밥은 두 되면 충분하다

날 일   밥 식   두 이   되 승

난 떡볶이를 먹을 때가 제일 좋아!

돈에 욕심이 많으면 그 끝이 없습니다. 돈을 얻기 위해 부정과 불법을 저지르기도 하죠. 하지만 사람에게 필요한 돈은 정해져 있습니다. 열심히 공부하고 노력해서 돈을 버는 것은 좋으나 쓸데없이 큰 욕심을 부려 화를 입지는 말아야 합니다.

어휘+

두 이
- 이월: 한 해 열두 달 가운데 둘째 달
- 이륜차: 오토바이처럼 바퀴가 두 개인 차

4월 24일 — 114

계지재심 수지재기

명심보감

경계해야 할 것은 마음에 있고

경계할 계 · 어조사 지 · 있을 재 · 마음 심

지켜야 하는 것은 기운에 있다

지킬 수 · 어조사 지 · 있을 재 · 기운 기

사람이 가장 조심해야 하는 것은 자신의 마음입니다. 이 세상 모든 일이 마음 안에서 일어나기 때문입니다. 기쁨도 슬픔도 화남도 서운함도 모두 마음 안에서 일어납니다. 그러나 이런 마음은 곧 사라지니 감정에 너무 깊이 빠지지 않아야 합니다.

어휘＋

 경계할 계

- **경계**: 뜻밖의 사고가 생기지 않도록 조심함
- **징계**: 허물이나 잘못을 뉘우치도록 나무라며 경계함

9월 7일 — 250

생재유시 이력위본

명심보감

재물을 생산함에 시기가 있으니

 生 날 생　 財 재물 재　 有 있을 유　 時 때 시

노력함이 그 근본이 된다

 而 말 이을 이　 力 힘 력　 爲 할 위　 本 근본 본

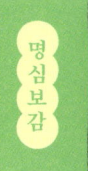

현미경에서 관찰한 변화를 보고서로 작성해야지.

모든 일에 있어 가장 중요한 것은 꾸준한 노력입니다. 잠깐의 노력으로는 절대 좋은 결과를 얻을 수 없습니다. 잠깐의 노력은 누구나 할 수 있기 때문입니다. 재주만 믿고 게을리 행동하면 다른 사람에게 뒤처질 수 있으니 꾸준히 노력하도록 합니다.

 어휘+

 本　근본 본
- 근본: 사물의 본바탕
- 본성: 사람이 본디부터 가진 성질

 4월 25일　 115

계심막자탐진 계신막수악반

명심보감

스스로 탐내거나 성내지 않도록
마음을 경계하고

경계할 **계**　마음 **심**　하지 말 **막**　스스로 **자**　탐낼 **탐**　성낼 **진**

나쁜 친구를 따르지 않도록
몸을 경계하라

경계할 **계**　몸 **신**　하지 말 **막**　따를 **수**　나쁠 **악**　짝 **반**

욕심을 줄이지 못하면 잘못된 행동을 하기 쉽습니다. 불필요한 욕심이 너무 커지지 않았는지 자신의 마음을 돌아봐야 합니다. 너무 커진 욕심은 내려 놓고 뜻대로 되지 않는다고 화를 내어 다른 사람을 서운하게 하거나 상처 주지 않도록 주의하세요.

어휘+

 탐낼 **탐**
- **탐욕**: 지나치게 탐하는 욕심
- **식탐**: 음식을 탐냄

독서근검 기가지본

명심보감

책을 읽고 부지런하고 검소함은

읽을 독   글 서   부지런할 근   검소할 검

집안을 일으키는 근본이다

일어날 기   집 가   어조사 지   근본 본

한 집안이 잘 살기 위해서는 가족 구성원 모두가 열심히 공부하고 부지런하고 검소해야 합니다. 그렇지 않으면 시간이 지날수록 그 집안은 점점 더 어려움에 처하게 됩니다. 우리 가족 모두를 위해서라도 여러분에게 주어진 일과 공부를 열심히 하기 바랍니다.

어휘+

讀   읽을 독
- 정독: 자세히 살피어 읽음
- 독자: 책, 신문 따위의 글을 읽는 사람

4월 26일   116

도가락 심불가불우

명심보감

도(道)는 즐거울지언정

도리 도   옳을 가   즐거울 락

마음은 가히 우환을
생각하지 않을 수 없다

마음 심   아닐 불   가히 가   아닐 불   근심 우

쓸데없는 걱정을 하지 않고 지금 내가 해야 하는 일을 하는 태도가 행복을 불러옵니다. 하지만 앞으로 다가올 일을 미리 준비하는 태도도 필요합니다. 나에게 일어날 수 있는 문제를 생각해 보면서 차분히 준비하는 현명한 사람이 되어야 합니다.

어휘+

근심 우
- 우려: 근심하거나 걱정함
- 우울: 근심스럽거나 답답하여 활기가 없음

9월 5일

248

갈시일적 여감로

명심보감

목마를 때 한 방울의 물은

목마를 갈   때 시   한 일   물방울 적

이슬처럼 달다

같을 여   달 감   이슬 로

저 한 잔만 더 주세요!

평소에는 잘 마시지 않는 물도 한여름 무더위에는 너무나 소중합니다. 이처럼 아주 작은 것도 상황에 따라서는 너무나 소중해질 수 있습니다. 그러니 평소에 늘 작은 것의 가치를 생각해 보고 소중히 여기는 태도를 기르도록 합시다.

어휘+

 목마를 갈
- 갈증: 목이 말라 물이 먹고 싶은 느낌
- 고갈: 물이 말라 없어짐

4월 27일

행유부득 반구제기

명심보감

행동하고도 얻지 못하면

행할 행 / 있을 유 / 아닐 부 / 얻을 득

스스로를 돌아보아야 한다

돌이킬 반 / 구할 구 / 모두 제 / 자기 기

"전반전까지는 좋았는데, 왜 진 걸까?"

끝끝내 성공하는 사람은 실패의 원인을 자기 자신에게서 찾고 끝끝내 실패하는 사람은 실패의 원인을 다른 사람에게서 찾습니다. 일이 잘못되었을 때 남의 핑계를 대면 마음은 편할지 모르지만 결국 다시 실패하게 됩니다.

어휘＋

 구할 구

- 추구: 뒤쫓아 구함
- 촉구: 재촉하여 요구함

9월 4일 — 247

범인부귀 불가탄선저훼

명심보감

다른 사람의 부유함과 귀함을

무릇 범 사람 인 부유할 부 귀할 귀

부러워하거나 헐뜯어서는 안 된다

아닐 불 옳을 가 탄식할 탄 부러워할 선 꾸짖을 저 헐뜯을 훼

'사촌이 땅을 사면 배가 아프다.'는 속담처럼 가까운 사람의 성공은 질투하기 쉽습니다. 하지만 가까운 사람의 성공은 내게도 좋은 일입니다. 가까운 사람이 여러분을 도와줄 수 있는 힘도 그만큼 커지는 것이기 때문입니다. 가까운 사람의 성공에 축하와 격려를 아끼지 마세요.

어휘＋

탄식할 탄
- 탄식: 한탄하여 한숨 쉼
- 감탄: 마음속 깊이 느끼어 탄복함

4월 28일 / 118

백옥 투어니도 불능오예기색

명심보감

백옥은 진흙에 던져도

흰 백   구슬 옥   던질 투   어조사 어   진흙 니   칠할 도

그 빛을 더럽힐 수는 없다

아닐 불   능할 능   더러울 오   더러울 예   그 기   빛 색

하얀 옥에 진흙이 묻어 더러워져도 닦아 내면 원래의 밝은 빛을 내게 됩니다. 우리의 마음도 때로는 화나고 기분이 나쁘겠지만 그 안에는 깨끗하고 순수한 마음이 있습니다. 힘들고 화가 날 때 내 마음 안에 있는 밝은 빛을 찾아 보세요.

어휘+

 던질
- 투입: 무언가를 필요한 곳에 넣음
- 투수: 야구에서 타자에게 공을 던지는 선수

9월 3일   246

부불친혜빈부소 차시인간대장부

명심보감

부자라고 친해지지 않고
가난하다고 멀리하지 않는

부유할 부 아닐 불 친할 친 어조사 혜 가난할 빈 아닐 부 성길 소

이가 바로 대장부다

이 차 이 시 사람 인 사이 간 클 대 어른 장 사나이 부

돈이 많은 사람과는 친해지려 하고 가난한 사람은 멀리한다면 이런 사람에게 진정한 친구는 생기지 않습니다. 자신의 이익을 얻으려 다가오는 사람을 좋아하는 사람은 세상에 없기 때문입니다. 사람을 대할 때 늘 진심으로 대하기를 바랍니다.

어휘+

이 **차**
- 어차피: 이렇게 하든 저렇게 하든
- 피차: 이쪽과 저쪽의 양쪽

4월 29일 119

시비무상실 구경총성공

명심보감

옳고 그름은 원래 실상이 없어

옳을 시 / 아닐 비 / 없을 무 / 서로 상 / 열매 실

마침내 모두가 텅 빈 것이다

연구할 구 / 마침내 경 / 모두 총 / 이룰 성 / 빌 공

옳고 그름은 분명 있습니다. 하지만 옳고 그름은 상황에 따라 계속 변합니다. 이 순간 옳은 것이 다음 순간에는 그를 수 있고 나에게 그른 것이 다른 사람에게는 옳을 수 있습니다. 지금 나에게 옳다고 늘 모두에게 옳다고 착각해서는 안 됩니다.

어휘+

 빌

- 공허: 아무것도 없이 텅 빔
- 공상: 현실적이지 못해 실현 가능성이 없는 것에 대한 생각

9월 2일 — 245

이심전심칙배도 사의확칙멸공

명심보감

오늘 나 지각한 거 한 번만 모른 척해 줘.

자기 이익만 생각하면 도리를 어기게 되고

 이로울 이   마음 심   오로지 전   마음 심   법칙 칙   배반할 배   길 도

사사로운 생각이 굳어지면 공정함을 해친다

 사사 사   뜻 의   굳을 확   법칙 칙   없앨 멸   공평할 공

가정이나 학교처럼 여러 사람이 함께 할 때는 자신만의 이익을 주장하면 안 됩니다. 서로 각자의 이익만 쫓다 보면 서로 부딪히고 싸워 결국 더 큰 손해를 보게 됩니다. 여러 사람과 함께할 때는 이익에 따라 행동하기보다 옳고 그름에 따라 일을 결정해야 합니다.

어휘+

利 이로울 이
- **권리**: 당연히 요구할 수 있는 힘이나 자격
- **이용**: 대상을 필요에 따라 이롭게 씀

4월 30일

생사사생
생사사생

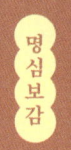
명심보감

일을 만들면 일이 생기고

날 생 　 일 사 　 일 사 　 날 생

일을 덜면 일이 줄어든다

덜 생 　 일 사 　 일 사 　 덜 생

생각은 하면 계속해서 더 생기고 줄이면 점점 더 줄어듭니다. 그러니 좋은 생각은 더 해야 하고 나쁜 생각은 계속 줄여야 합니다. 나쁜 생각이 떠오를 때는 심호흡에 집중하면 나쁜 생각으로부터 벗어날 수 있습니다.

 어휘+

살필 **성** ■ 성찰: 자기의 마음을 반성하고 살핌
덜 **생** ■ 생략: 전체에서 일부를 줄이거나 뺌

9월 1일 — 244

5월 가정

가족을 소중히 대하자

마음

바른 마음가짐으로 살자

욕지기부 선시기자

명심보감

그 아버지를 알고자 한다면

欲 / 知 / 其 / 父
하고자 할 욕 / 알 지 / 그 기 / 아버지 부

먼저 그의 아들을 보아라

先 / 視 / 其 / 子
먼저 선 / 볼 시 / 그 기 / 아들 자

아이는 어릴 때 부모님에게 교육을 받습니다. 그래서 아이들의 말과 행동이 나쁘면 사람들은 그 아이의 부모를 욕합니다. 아이를 제대로 가르치지 않은 책임을 부모에게 묻는 건데요. 여러분의 부모님이 욕되지 않도록 여러분은 올바로 행동하고 있나요?

어휘+

子 — 아들 자

- **자녀**: 아들과 딸을 아울러 이르는 말
- **남자**: 남성으로 태어난 사람

5월 1일 — 121

주식형제천개유 급난지붕일개무

명심보감

먹고 마실 때는
형 동생하던 친구가 천 명 있어도

 술 주   밥 식   형 형   아우 제   일천 천   명 개   있을 유

급하고 어려울 때는
도와줄 친구 하나 없다

 급할 급   어려울 난   어조사 지   벗 붕   한 일   명 개   없을 무

사람이 성공하고 잘 나갈 때에는 주변에 함께 하는 사람이 많습니다. 하지만 정작 어려움이 생겨 도움을 받으려고 하면 그런 친구 대부분은 사라집니다. 여러분은 친구가 어려울 때 도움을 줄 수 있는 진정한 친구인가요?

어휘＋

酒 술 주
- 안주: 술을 마실 때 곁들여 먹는 음식
- 주사: 술에 취한 뒤에 나오는 나쁜 언행

8월 31일

원수 불구근화 원친 불여근린

명심보감

멀리 있는 불로
가까운 불을 끌 수 없듯

멀 원   물 수   아닐 불   구원할 구   가까울 근   불 화

멀리 있는 친척은
가까운 이웃만 못하다

멀 원   친할 친   아닐 불   같을 여   가까울 근   이웃 린

저희 엄마 대신 와 주셔서 감사해요.

나에게 가장 소중한 사람은 나와 가장 가까이 있는 사람입니다. 여러분이 힘들 때 도움을 줄 수 있는 사람은 바로 주변 사람들입니다. 가까이에서 여러분의 말을 들어주고 도움을 주는 가족과 친구의 소중함을 잊지 않아야 합니다.

어휘+

 가까울 근

- 근처: 가까운 곳
- 친근: 사귀어 지내는 사이가 아주 가까움

5월 2일

약요인중아 무과아중인

명심보감

남이 나를 소중하게 여기길 바란다면

같을 약 / 중요할 요 / 사람 인 / 무거울 중 / 나 아

내가 먼저 남을 소중히 대해야 한다

없을 무 / 지날 과 / 나 아 / 무거울 중 / 사람 인

받은 대로 돌려주는 것은 세상의 이치입니다. 선물을 받으면 선물로 돌려주고 욕설을 들으면 욕설로 돌려주게 됩니다. 여러분은 남에게 어떻게 대접받고 싶나요? 누군가에게 소중한 사람이 되고 싶다면 여러분이 먼저 남을 소중히 대해야 합니다.

어휘+

 무거울 **중**
- 소중: 매우 귀중함
- 중요: 귀중하고 요긴함

8월 30일 / 242

빈객래방 접대필성

사자소학

어서오세요!

손님이 찾아오거든

손님 빈 　손님 객 　올 래 　찾을 방

반드시 정성으로 접대하라

맞이할 접 　대접할 대 　반드시 필 　정성 성

여러분이 친구 집을 방문했을 때 친구가 반갑게 맞아 주고 맛있는 음식을 내어 준다면 기쁘고 고맙지 않을까요? 소중한 친구가 여러분의 집에 놀러 왔을 때 바로 그렇게 해보세요. 분명 고마움을 느끼고 여러분을 더 좋아하게 될 것입니다.

 어휘+

 올 래
- 거래: 물건을 사고 팖
- 장래: 앞으로 닥쳐올 때

5월 3일　123

여인동처 불가자택편리

명심보감

다른 사람과 함께 있으면서

더불 여 사람 인 함께 동 곳 처

자기만 편하려 하면 안 된다

아닐 불 가히 가 스스로 자 가릴 택 편할 편 이로울 리

내가 말한 게 무리한 부탁은 아니지?

그, 그럼.

버스, 학교, 식당 등 많은 사람이 함께 쓰는 공간에서는 주의해야 할 점이 있습니다. 바로 나 혼자 편하려고 다른 사람들에게 불편을 끼쳐서는 안 된다는 것입니다. 모든 사람이 자기 편한 대로만 행동한다면 결국 모든 사람이 불편해질 수밖에 없습니다.

어휘+

곳 처
- 상처: 몸을 다쳐서 부상을 입은 자리
- 처리: 일을 절차에 따라서 정리하여 마무리 지음

8월 29일

241

빈객불래 문호적막

사자소학

손님이 오지 않으면

손님 빈   손님 객   아닐 불   올 래

집이 적막해진다

문 문   집 호   고요할 적   쓸쓸할 막

사람이 사는 집에는 사람이 계속 드나드는 것이 좋습니다. 친척, 친구와 함께 웃고 떠들고 먹고 마시는 것이 행복하게 사는 길이니까요. 손님을 박하게 대하면 사람들의 발길이 끊어지고 외로운 집이 됩니다. 손님을 반갑고 따뜻하게 맞아 주도록 하세요.

 문 문
- 정문: 정면에 있는 문
- 입문: 어떤 분야에 처음 들어감

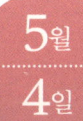
5월 4일 124

범차인물 불가손괴불환

명심보감

다른 사람의 물건을 빌려서

무릇 범   빌릴 차   사람 인   물건 물

부수거나 돌려주지 않아선 안 된다

아닐 불   옳을 가   잃을 손   파괴할 괴   아닐 불   돌아올 환

만약 아끼는 물건을 빌려주었는데 친구가 망가트리거나 돌려주지 않는다면 어떨까요? 아마 너무 속상해서 다시는 물건을 빌려주지 않을 겁니다. 친구에게 빌린 물건은 소중히 다루고 반드시 처음에 빌렸던 상태 그대로 돌려주어야 합니다.

돌아올 환
- 반환: 빌리거나 차지했던 것을 되돌려줌
- 귀환: 다른 곳을 떠나 있던 사람이 본래 자리로 돌아감

8월 28일

240

적선지가 필유여경

사자소학

선행을 쌓은 집에는

쌓을 적 착할 선 어조사 지 집 가

반드시 뒤에 경사가 있다

반드시 필 있을 유 남을 여 경사 경

내가 한 일은 반드시 나에게 돌아옵니다. 여러분이 다른 사람을 칭찬하면 그도 나를 칭찬하고 여러분이 다른 사람을 욕하면 그도 여러분을 욕하게 됩니다. 좋은 일이 있기를 바란다면 여러분이 먼저 좋은 행동을 해야 합니다.

어휘＋

 쌓을
- 누적: 포개어 여러 번 쌓음
- 축적: 지식, 경험, 돈 등을 모아서 쌓음

5월 5일 / 125

구주령인천 빈래친야소

명심보감

오래 머무르면 사람이 천대를 받고

오랠 구　머물 주　하여금 령　사람 인　천할 천

자주 오면 친함도 멀어진다

자주 빈　올 래　친할 친　어조사 야　드물 소

다른 사람 집에 놀러 갈 때는 너무 오래 있지 않아야 합니다. 처음에는 손님을 반가이 맞아 주지만, 너무 오래 머무르면 상대방이 불편함을 느끼기 때문입니다. 집에 돌아가기에는 아쉽다는 생각이 들 때쯤 나오면 다음에 올 때 또 반가워할 것입니다.

어휘+

오랠 구
- 영구: 어떤 상태가 시간상으로 무한히 이어짐
- 유구: 아득하게 오래

8월 27일

수신제가 치국지본

사자소학

스스로를 갈고닦고
집안을 가지런히 함은

닦을 수   몸 신   가지런할 제   집 가

나라를 다스리는 근본이다

다스릴 치   나라 국   어조사 지   근본 본

어떤 일이든 시작은 작은 것에서 출발합니다. 나라를 다스리는 큰 일도 자기 스스로를 다스리는 것에서 비롯됩니다. 자신의 몸과 마음을 다스리지 못하는 사람이 어떻게 다른 사람과 사회와 국가를 다스릴 수 있을까요? 큰 일을 하고 싶다면 여러분 자신을 잘 다스리는 것부터 시작하세요.

어휘+

닦을 수

- **수련**: 몸과 마음을 잘 단련함
- **수양**: 몸과 마음을 갈고닦아 품성을 끌어올림

5월 6일 · 126

애중이 겸화위수

명심보감

사람을 사랑함은

사랑 애　무리 중　써 이

겸손함과 온화함을 우선으로 하라

겸손할 겸　화할 화　할 위　으뜸 수

다른 사람과 잘 지내려면 겸손함과 온화함이 필요합니다. 잘난 척을 하거나 공격적인 사람을 좋아하는 사람은 없기 때문입니다. 잘난 척하지 않고 쉽게 화내지 않으면서 상대의 말을 잘 들어준다면 누구와도 쉽게 어울릴 수 있습니다.

 어휘+

 겸손할 겸
- 겸손: 남을 존중하고 자기를 내세우지 않는 태도
- 겸허: 스스로 자신을 낮추고 비우는 태도가 있음

불선지가 필유여앙

사자소학

나쁜 짓을 쌓은 집안은

아닐 **불** 착할 **선** 어조사 **지** 집 **가**

반드시 뒤에 재앙이 있다

반드시 **필** 있을 **유** 남을 **여** 재앙 **앙**

만약 누군가 여러분을 비난한다면 여러분 역시 똑같이 그를 비난하고 싶을 것입니다. 사람은 누구나 그렇습니다. 누군가 내게 피해를 입히면 그것을 돌려주고 싶은 것이 사람의 마음입니다. 그러니 나쁜 행동을 하면 당장은 아니라도 반드시 나중에 문제가 생기게 됩니다.

어휘+

집 **가**
- 귀가: 집으로 돌아옴
- 일가: 한 집에서 사는 가족

약청일면설 편견상이별

명심보감

말풍선: 미나가 영은이한테 소리 지르고 화를 냈대.
말풍선: 어머, 그래? 미나가 정말 그랬다면 무슨 이유가 있지 않았을까?

만약 한쪽 말만 들으면

같을 **약**　관청 **청**　한 **일**　낯 **면**　말씀 **설**

친하던 사이도 멀어지게 된다

편할 **편**　볼 **견**　서로 **상**　떠날 **리**　헤어질 **별**

사람에게는 모두 각자의 사연이 있습니다. 이쪽 말을 들으면 이쪽이 옳은 것 같지만 저쪽 말을 들으면 저쪽이 옳은 것 같습니다. 한쪽의 이야기만 듣고 오해하는 일이 없도록 양쪽 이야기를 모두 들어 봐야 합니다.

어휘+

말씀 **설**
- 설명: 상대가 잘 알 수 있도록 밝혀 말함
- 전설: 옛날부터 민가에서 전해져 내려오는 이야기

8월 25일 — 237

거가유례고 장유변

명심보감

집안에는 예가 있으므로

살 거   집 가   있을 유   예도 례   연고 고

어른과 아이의 분별이 있다

어른 장   어릴 유   분별할 변

왜 어떤 일들은 어른은 해도 되는데 아이는 하면 안 될까요? 어른은 모든 일을 스스로 책임지지만 아이들은 스스로 책임질 수 없어서 부모가 대신 책임지기 때문입니다. 나의 모든 행동에 책임질 수 있어야 내 뜻대로 행동할 수 있습니다.

어릴 유
- 유아: 생후 1년~만 6세의 어린아이
- 유치원: 초등학교에 입학하기 전 어린이의 발달을 돕는 교육 시설

5월 8일 · 128

자신자 인역신지 오월 개형제

명심보감

자신을 믿는 사람은 다른 사람도 믿으니

스스로 자 믿을 신 사람 자 사람 인 또 역 믿을 신 어조사 지

모든 사람과 형제처럼 지낼 수 있다

성씨 오 넘을 월 다 개 형 형 아우 제

여러분은 다른 사람의 마음에 공감할 때, 먼저 자신의 마음에 대입해 보지 않나요? 이처럼 우리 마음은 나 자신에서 시작해 다른 사람에게로 뻗어 갑니다. 나를 사랑하는 사람은 다른 사람도 사랑하고 나를 미워하는 사람은 다른 사람도 미워합니다. 모든 마음은 나에게서 출발하니 나 자신을 아끼고 사랑하세요.

어휘+

 스스로 자
- **자유**: 남의 간섭을 받지 않고 자기 마음대로 할 수 있음
- **자율**: 자기 스스로 자신을 통제함

8월 24일

부자유친 군신유의

사자소학

부모와 자식 사이에는 친함이

아버지 부 아들 자 있을 유 친할 친

임금과 신하 사이에는
의리가 있어야 한다

임금 군 신하 신 있을 유 옳을 의

세상에서 부모와 자식보다 더 가까운 사이는 없습니다. 부모와 자식이 친하지 않으면 마음이 외롭고 쓸쓸할 수밖에 없습니다. 부모님과 함께 더 많은 시간을 나누기 위해 노력하세요. 학교에서 있었던 일을 자주 말씀 드리고 맛있는 음식을 나눠 먹으세요.

어휘+

친할 친
- 친구: 오래 두고 가깝게 사귄 벗
- 친절: 태도가 정겹고 정성스러움

5월 9일

129

붕우불인 정의소

명심보감

친구끼리 참지 않으면

朋 벗 붕   友 벗 우   不 아닐 불   忍 참을 인

우정은 사라지게 된다

情 인정 정   意 뜻 의   疎 성길 소

친구 사이가 늘 좋을 수만은 없습니다. 때로는 서운하거나 화나는 일이 있기도 합니다. 하지만 그럴 때마다 심하게 화를 낸다면 우정을 지키기 어렵습니다. 서로를 용서하고 이해할 때 진짜 친구가 될 수 있습니다.

어휘＋

友 벗 우
- 우정: 친구 사이의 정
- 우애: 형제간 또는 친구 간의 사랑

8월 23일 · 235

사자소학

**형제유난
민이사구**

형제에게 어려운 일이 있으면

兄 형 형   弟 아우 제   有 있을 유   難 어려울 난

걱정하고 구원해 주기를 생각하라

悶 번민할 민   而 말 이을 이   思 생각할 사   救 구원할 구

동생의 고민이 깊었구나.

나에게 어려운 일이 생겼을 때 끝까지 도와줄 사람은 가족밖에 없습니다. 여러분 역시 여러분의 가족이 어려움에 처하면 끝까지 도와주어야 합니다. 형제에게 어려운 일이 생기면 어떻게 도와줄 수 있을지 방법을 찾아 보세요.

어휘 ➕

難 어려울 난

- **고난**: 괴로움과 어려움
- **곤란**: 사정이 몹시 딱하고 어려움

5월 10일 · 130

책인자부전교 자서자불개과

명심보감

남을 꾸짖는 사람은 사귀지 못하고

꾸짖을 책 / 사람 인 / 사람 자 / 아닐 부 / 온전할 전 / 사귈 교

스스로 용서하는 사람은 허물을 고치지 못한다

스스로 자 / 용서할 서 / 사람 자 / 아닐 불 / 고칠 개 / 허물 과

나의 장점은 당당함이지! 너도 보고 배워.

정말 그렇게 생각해?

친구가 여러분의 행동 하나하나를 지적한다면 그 사람과 친구가 될 수 있을까요? 지적은 여러분 자신에게 하는 것입니다. 자기 자신의 잘못에 대해서는 진지하게 생각하고 고쳐 나가되, 친구의 잘못은 관대하게 용서하도록 합시다.

어휘+

 온전할 전

- **안전**: 행동이나 생각이 어떤 방향으로 기울어짐
- **온전**: 본바탕 그대로 고스란히 있음

8월 22일

형제자매 동기이생

사자소학

형제와 자매는

형 형　아우 제　윗누이 자　누이 매

한 기운을 받고 태어났다

한가지 동　기운 기　말 이을 이　날 생

형제와 자매는 같은 부모님 아래 같은 기운을 받고 자랐습니다. 그래서 형제자매는 부모님과 함께 세상에서 여러분과 가장 가까운 사이입니다. 이처럼 가장 가까운 사람과 싸우지 말고 서로 이해하고 배려하며 지내도록 노력합시다.

어휘+

형 형
- 형제: 형과 아우
- 형수: 형의 아내

5월 11일 · 131

사유투우칙 현교불친

명심보감

친구를 샘내고 시기하면

선비 사 있을 유 샘낼 투 벗 우 법칙 칙

어질고 현명한 친구를 사귈 수 없다

어질 현 사귈 교 아닐 불 친할 친

자기보다 뛰어난 사람을 질투하는 사람은 현명하고 좋은 친구를 사귈 수 없습니다. 그들의 현명함을 질투하기 때문에 친구로서 곁에 둘 수 없는 것입니다. 친구의 현명함을 질투하지 말고 본받을 때 비로소 우리도 현명한 사람이 될 수 있습니다.

어휘+

 어질
- 현명: 어질고 슬기로워 사리에 밝음
- 현자: 어질고 총명한 사람

8월 21일 · 233

형우제공 불감원노

사자소학

형은 우애하고 동생은 공손히 하여

형 형   우애 우   아우 제   공손할 공

감히 원망하거나 성내지 말아야 한다

아닐 불   감히 감   원망할 원   성낼 노

형제자매는 둘도 없이 가까운 사이지만, 생각보다 싸우기 쉽습니다. 한 집에 살다 보니 자주 마주치게 되고 물건들을 나눠 가져야 하기 때문입니다. 그래도 둘도 없는 내 편이니 서로를 너그럽게 대하고 공손하게 말하도록 합시다.

어휘+

 원망할
- 원망: 못마땅히 여겨 불평을 품고 미워함
- 원수: 원한이 맺힐 만큼 자기에게 해를 끼친 사람

5월 12일 · 132

수지청칙무어 인지찰칙무도 〈명심보감〉

물이 너무 맑으면 물고기가 없고

물 수 이를 지 맑을 청 법칙 칙 없을 무 물고기 어

사람이 너무 살피면 어울릴 사람이 없다

사람 인 이를 지 살필 찰 법칙 칙 없을 무 무리 도

좋은 사람을 사귀는 것은 중요합니다. 하지만 그 기준이 높고 까다로우면 안 됩니다. 작은 흠결까지 일일이 따지다 보면 사귈 수 있는 사람이 없습니다. 기본적으로 좋은 사람이라면 작은 부분은 따지지 말고 친구가 되어도 좋습니다.

어휘+

 살필 찰
- 관찰: 사물이나 현상을 주의하여 자세히 살펴봄
- 통찰: 예리한 관찰력으로 사물을 꿰뚫어 봄

형제이이
행즉안행

사자소학

형제는 서로 화합하여

형 형　　아우 제　　기쁠 이　　기쁠 이

길을 갈 때는
기러기 떼처럼 나란히 가라

갈 행　　곧 즉　　기러기 안　　갈 행

살아가면서 어떤 일이 생겼을 때 나를 돌봐 줄 사람은 부모와 형제자매뿐입니다. 그러니 형제자매와는 싸우지 말고 뜻을 맞추며 살아가야 합니다. 길을 가든 어떤 일을 하든 기러기 떼가 한 방향으로 날아가듯 사이좋게 함께 하도록 합니다.

 어휘+

아우 제
- 제자: 스승으로부터 가르침을 받는 사람
- 처제: 아내의 여동생

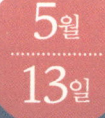
5월 13일　133

욕식기인 선시기우

명심보감

그 사람을 알고자 한다면

하고자 할 욕   알 식   그 기   사람 인

먼저 그 사람의 친구를 보아라

먼저 선   볼 시   그 기   벗 우

'끼리끼리'라는 말은 비슷한 사람끼리 어울린다는 말입니다. 바르고 정직한 사람은 바르고 정직한 사람들끼리, 불량하고 나쁜 사람들은 또 그런 사람들끼리 어울리게 됩니다. 여러분의 친구는 어떤 사람인가요?

어휘+

- 무식: 배우지 않은 데다 보고 듣지 못하여 아는 것이 없음
- 박식: 지식이 넓고 아는 것이 많음

8월 19일   231

분무구다 유무상통

사자소학

나눌 때에 더 많이 가지려 하지 말고

나눌 **분**　말 **무**　구할 **구**　많을 **다**

있고 없음을 서로 같게 하라

있을 **유**　없을 **무**　서로 **상**　통할 **통**

> 큰 건 내가 가질래.

형제자매와 물건을 나눌 때는 한 명이 더 많이 가져서는 안 됩니다. 한 명은 있고 한 명은 없게 해서도 안 됩니다. 맛있는 음식과 좋은 물건은 서로 공평하게 나눠 가져서 한쪽이 불만을 가지지 않도록 해야 합니다.

어휘+

 나눌

- **분수**: 한 수를 다른 수로 나누어 나타낸 수
- **구분**: 따로따로 갈라서 나눔

5월 14일　134

붕우유신 시위오륜

사자소학

친구 사이에는 신의가 있으니

벗 붕 　 벗 우 　 있을 유 　 믿을 신

이것을 일러 오륜이라고 한다

이 시 　 이를 위 　 다섯 오 　 인륜 륜

친구 사이에는 믿음과 의리가 필요합니다. 친구란 단순히 함께 노는 사이가 아니라 믿고 의지하는 사이입니다. 따라서 서로 신의를 지켜야 하고, 그러기 위해서는 거짓말을 하지 말고 약속을 잘 지켜야 합니다. 이렇게 하면 진정한 친구가 될 수 있습니다.

어휘+

 다섯 오
- 오륜: 사람이 지켜야 할 다섯 가지 도리
- 오미: 단맛, 짠맛, 신맛, 쓴맛, 매운맛의 다섯 가지 맛

사기의식 이적지도

 사자소학

형제간에 의복과 음식을
사사로이 대하면

사사 **사**　그 **기**　옷 **의**　밥 **식**

오랑캐의 무리와 같다

오랑캐 **이**　오랑캐 **적**　어조사 **지**　무리 **도**

한 집에 사는 가족은 삶의 질이 비슷해야 합니다. 형만 좋은 것을 먹거나 동생만 좋은 신발을 신어서는 안 됩니다. 그렇지 않으면 계속 다투게 됩니다. 맛있는 음식이 있으면 온 가족과 나누어 먹고 좋은 물건이 있으면 모두 함께 써야 합니다.

어휘+

사사 **사**
- 사사롭다: 개인적인 성질의 것
- 사익: 개인의 사사로운 이익

5월 15일 · 135

언이불신 비직지우

사자소학

말이 미덥지 못하면

말씀 언 / 말 이을 이 / 아닐 불 / 믿을 신

정직한 친구가 아니다

아닐 비 / 곧을 직 / 어조사 지 / 벗 우

친구를 사귈 때 중요한 기준 중 하나는 거짓말을 하지 않는 것입니다. 거짓말하는 사람은 믿을 수 없어 오래 함께하기 어렵습니다. 여러분 자신이 그리고 여러분의 친구가 거짓말하지 않는 정직한 친구인지 생각해 보세요.

 어휘+

 믿을 신
- 신뢰: 남을 믿고 의지함
- 신앙: 믿고 받드는 일

8월 17일

형수책아 막감항노

사자소학

형이 비록 나를 꾸짖더라도

형 형   비록 수   꾸짖을 책   나 아

감히 대항하거나 성내지 말아라

하지 말 막   감히 감   겨룰 항   성낼 노

형, 오빠, 누나, 언니는 부모님이 안 계실 때 동생에게 부모님과 같은 역할을 해야 합니다. 그래서 때로는 동생을 꾸짖을 수도 있습니다. 그럴 때는 맞서 싸우려고 하지 말고 우선 내가 어떤 점을 잘못했는지 돌아보도록 합니다.

성낼 노
- 분노: 분하여 몹시 성냄
- 대노: 크게 성냄

5월 16일   136

인무책우 이함불의

사자소학

잘못을 꾸짖어 주는 친구가 없으면

 사람 인 없을 무 꾸짖을 책 벗 우

의롭지 못한 데 빠지기 쉽다

 쉬울 이 빠질 함 아닐 불 옳을 의

우리 때문에 카페가 시끄러우니 조용히 하자.

살다 보면 나쁜 길로 빠지는 경우가 가끔 있습니다. 이럴 때 옆에서 알려주고 도와주는 사람이 필요합니다. 가족이나 친구가 잘못을 알려주면 깨닫고 같은 잘못을 반복하지 않을 수 있습니다. 반면 잘못에 대해 아무도 말해 주지 않으면 변하기 어렵지요.

 어휘+

 없을 무
- 무한: 수나 양에 한계가 없음
- 무료: 요금이 없음, 돈을 받지 않음

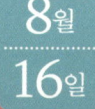 8월 16일 228

사자소학

제수유과 수물성책

동생이 비록 잘못이 있어도

아우 제   비록 수   있을 유   허물 과

모름지기 큰소리로 꾸짖지 말아라

모름지기 수   말 물   소리 성   꾸짖을 책

형, 이제 화 풀어.

동생은 여러분보다 나이가 어려서 경험도 적고 모르는 게 많습니다. 그러다 보니 이런저런 실수를 하기도 하지요. 이럴 때는 무조건 큰소리로 혼내기보다는 차분히 하나씩 알려 주세요. 친절히 알려주면 동생도 분명 고마워할 겁니다.

어휘+

 잘못 과
- 사과: 잘못에 대하여 용서를 빎
- 과실: 부주의로 인한 잘못과 허물

5월 17일 · 137

붕우유과 충고선도

사자소학

친구에게 잘못이 있거든

벗 붕 　 벗 우 　 있을 유 　 잘못 과

충고하여 착하게 인도하라

충성 충 　 고할 고 　 착할 선 　 인도할 도

좋은 친구는 친구가 잘못된 길로 갈 때 가만히 보고만 있지 않습니다. 내 일이라고 생각하고 친구가 잘못된 길로 가지 않도록 도와주어야 합니다. 걱정하는 마음을 담아 따뜻한 목소리로 조언해 주세요. 이를 통해 여러분과 친구 모두 한 걸음 더 성장하게 될 겁니다.

어휘＋
 알릴 고
- 부고: 사람의 죽음을 알림
- 고백: 감추어둔 사실을 숨김없이 말함

 8월 15일
 227

형제유선 필예우외

사자소학

형제가 잘한 일이 있으면

형 형   아우 제   있을 유   착할 선

반드시 밖에 칭찬하여라

반드시 필   칭찬할 예   어조사 우   바깥 외

나와 가까운 사람이 좋은 일을 하면 사람들은 나 역시 좋게 봅니다. 그렇기 때문에 형제자매가 잘한 일이 있다면 밖에서 칭찬하고, 주변에 적극적으로 알리도록 합니다. 형제자매에 대한 칭찬이 나에게도 돌아올 것입니다.

어휘+

 착할 선
- 개선: 잘못을 고쳐 좋게 함
- 선행: 착하고 어진 행동

5월 18일

138

불택이교 반유해의

사자소학

가리지 않고 사람을 사귀면

아닐 **불** 가릴 **택** 말 이을 **이** 사귈 **교**

도리어 해로운 일이 생긴다

돌아올 **반** 있을 **유** 해할 **해** 어조사 **의**

숙제 해 왔어? 좀 봐도 되지?

사귀면 해가 되는 친구는 어떤 사람일까요? 자주 욕을 하거나 거짓말을 일삼거나 폭력을 휘두르는 사람입니다. 이런 사람은 친구로 두면 자꾸만 나쁜 일에 얽히게 됩니다. 정직하고 올바른 사람을 친구로 두어야 합니다.

어휘＋

가릴 **택**
- **선택**: 여럿 가운데서 골라 뽑음
- **채택**: 골라서 다루거나 뽑아 씀

8월 14일

226

형제유실 은이물양

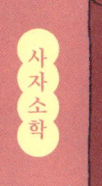

사자소학

형제에게 잘못이 있으면

형 형 아우 제 있을 유 잘못 실

숨겨 주고 드러내지 말아라

숨길 은 말 이을 이 말 물 드러낼 양

사람들은 나와 가까운 사람의 잘못을 나의 잘못처럼 생각하기도 합니다. 그래서 형제자매의 잘못을 가지고 나를 비난할 수도 있습니다. 그러니 허물은 서로 덮어 주되, 앞으로 같은 잘못을 하지 않도록 잘 타이르고 설득해야 합니다.

 어휘+
잘못
- 실수: 잘못하여 그르침
- 상실: 아주 없어지거나 사라짐

5월 19일 139

택이교지 유소보익

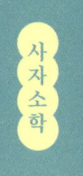
사자소학

사람을 가려서 사귀면

가릴 택 말 이을 이 사귈 교 어조사 지

도움과 유익함이 있다

있을 유 바 소 도울 보 이로울 익

친구가 많으면 서로 정을 나눌 수 있고 힘들 때 도움을 받을 수 있어 좋습니다. 하지만 세상에는 사귀면 오히려 해가 되는 사람도 많습니다. 사람을 함부로 사귀지 말고 친구로 적당한 사람인지 판단하고 사귀도록 합니다.

어휘+

 사귈 교
- 교류: 서로 주고받음
- 교환: 서로 바꿈

8월 13일 225

형능여차 제역효지

사자소학

형이 능히 이와 같이 하면

 형 형 능할 능 같을 여 이 차

동생 역시 본받을 것이다

 아우 제 또 역  본받을 효 이것 지

형, 오빠, 누나, 언니는 동생에게 모범이 되어야 합니다. 형이 형답게 좋은 모습을 보인다면 동생은 그것을 보고 배울 것입니다. 나이가 더 많다고 권리만 주장하지 말고 형으로써 본받을 수 있는 모습을 보여 주세요.

어휘+

 능할
- 능력: 일을 해결해 낼 수 있는 힘
- 재능: 재주와 능력

5월 20일 140

근묵자흑
근주자적

사자소학

먹을 가까이 하는 사람은 검게 되고

가까울 근　먹 묵　사람 자　검을 흑

붉은 색을 가까이하는 사람은 붉게 된다

가까울 근　붉을 주　사람 자　붉을 적

너도 동물 좋아한다며?

응, 맞아. 햄스터, 고슴도치, 토끼도 키우고 있어.

먹을 가까이 하면 아무리 조심해도 자꾸 묻을 수밖에 없습니다. 나쁜 것을 가까이하면 아무리 조심해도 나쁜 말과 행동이 마음을 더럽히게 됩니다. 배우지 않겠다고 아무리 다짐해도 소용없으니 아예 처음부터 멀리해야 합니다.

어휘 ✚

 검을 흑
- 암흑: 어둡고 캄캄함
- 흑룡: 검은 빛깔의 용

 8월 12일　 224

아유환락 형제역락

사자소학

나에게 기쁨과 즐거움이 있으면

나 아   있을 유   기쁠 환   즐거울 락

형제들도 즐거워한다

형 형   아우 제   또 역   즐거울 락

가족은 함께 살아가는 운명 공동체입니다. 나의 기쁨이 곧 형제의 기쁨이고, 형제의 기쁨이 곧 나의 기쁨입니다. 나의 기쁨을 형제와 나누고 형제의 기쁨을 진심으로 함께 기뻐하고 축하하도록 합니다.

어휘+

기쁠 환
- 환영: 기쁜 마음으로 맞음
- 환희: 기울어 넘어짐

5월 21일   141

백사재니 불염자오

사자소학

흰모래가 진흙에 있으면

흰 백   모래 사   있을 재   진흙 니

물들이지 않아도 저절로 더러워진다

아닐 불   물들 염   스스로 자   더러울 오

아무리 흰 모래처럼 하얗고 깨끗한 사람이라고 해도 진흙 같은 친구를 사귀면 덩달아 오염되고 더러워집니다. 나쁜 사람이 말하고 행동하는 것을 보다 보면 자기도 모르게 비슷하게 말하고 행동하게 되기 때문입니다.

어휘＋

흰
- 흑백: 검은색과 흰색
- 결백: 행동이나 마음씨가 깨끗하고 힘

아유우환 형제역우

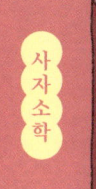
사자소학

나에게 근심과 걱정이 있으면

나 아 / 있을 유 / 근심 우 / 근심 환

형제들도 근심하신다

형 형 / 아우 제 / 또 역 / 근심 우

나의 걱정과 근심은 곧 형제의 걱정과 근심입니다. 또 형제의 걱정과 근심 역시 나의 걱정과 근심이 됩니다. 나와 형제의 걱정과 근심을 서로 나누어 힘이 되어 주고 해결 방법을 함께 찾아 도와주도록 합니다.

 어휘+

근심 환
- 환자: 병을 앓는 사람
- 질환: 몸의 온갖 병

5월 22일 142

봉생마중 불부자직

사자소학

쑥이 삼 가운데서 자라나면

쑥 봉　날 생　삼 마　가운데 중

붙들어주지 않아도 저절로 곧아진다

아닐 불　도울 부　스스로 자　곧을 직

구불구불 자라나는 쑥도 곧게 자라는 삼과 함께 자라면 곧게 자랍니다. 사람이 주변 사람에게서 얼마나 많은 영향을 받는지를 알 수 있습니다. 여러분 주변의 사람들을 좋은 사람으로 채워나가야 여러분도 더 좋은 사람이 될 수 있습니다.

어휘+

 가운데 중
- 중앙: 사방의 중심이 되는 곳
- 적중: 목표에 꼭 들어맞음

8월 10일

수유타친 기약형제

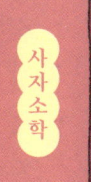
사자소학

비록 다른 친척이 있어도

비록 수 있을 유 다를 타 친할 친

어찌 형제간과 같겠는가?

어찌 기 같을 약 형 형 아우 제

형제 말고도 다양한 친척이 있을 겁니다. 하지만 가장 가까운 사람은 부모 형제입니다. 한 부모에게서 나고 자란 형제만큼 가까운 사람은 없습니다. 가장 가까운 형제끼리 서로 의지할 수 있도록 돈독히 지내야 합니다.

다를 타
- 타인: 다른 사람
- 타향: 내가 나고 자란 고장이 아닌 다른 고장

5월 23일 143

종유사인 아역자사

사자소학

간사한 사람을 따라서 놀면

從 遊 邪 人
좇을 종 　놀 유 　간사할 사 　사람 인

나 역시 저절로 간사해진다

我 亦 自 邪
나 아 　또 역 　스스로 자 　간사할 사

친구에게는 좋은 것뿐 아니라 나쁜 것 역시 배웁니다. 삐뚤고 나쁜 친구를 만나면 나 역시 나빠지니 그런 친구는 차라리 사귀지 않는 편이 낫습니다. 나쁜 친구와 어울리다가 나까지 나쁜 사람이 되지 않도록 주의하세요.

어휘+

놀

- 유흥: 흥겹게 놂
- 유영: 물속에서 헤엄치며 놂

 8월 9일

 221

형제화목 부모희지

사자소학

형제가 화목하면

형 형　아우 제　화할 화　화목할 목

부모님께서 기뻐하신다

아버지 부　어머니 모　기쁠 희　갈 지

사람의 행복에 있어 가족의 화목은 무엇보다 중요합니다. 그래서 여러분이 형제간에 자주 다툰다면 부모님에게 그 무엇보다 큰 고통을 안겨드리는 것입니다. 부모님께 걱정을 끼치지 않기 위해서라도 형제간에 서로 이해하며 지내도록 노력하세요.

어휘+

화할 화
- 화목: 서로 뜻이 맞고 정다움
- 조화: 서로 잘 어울림

5월 24일　144

우기정인 아역자정

사자소학

바른 사람과 친구가 되면

友　　其　　正　　人
벗 우　그 기　바를 정　사람 인

나도 저절로 바르게 된다

我　　亦　　自　　正
나 아　또 역　스스로 자　바를 정

할아버지, 이쪽으로 나가시면 돼요. 제가 문 잡아드릴게요.

사람은 가장 가까운 사람에게서 매우 큰 영향을 받습니다. 그래서 친구를 사귀면 그 친구에게 반드시 영향을 받게 됩니다. 바른 친구를 사귀면 나도 바르게 되고 성실한 친구를 사귀면 나도 성실해집니다. 좋은 친구를 사귀려 노력해 보세요.

 어휘＋

正 바를 정
- 정직: 마음에 거짓이나 꾸밈이 없이 바르고 곧음
- 공정: 공평하고 올바름

8월 8일　220

엄부출효자 엄모출효녀

명심보감

엄한 아버지는 효자를 길러내고

엄할 엄 　아버지 부 　날 출 　효도 효 　아들 자

엄한 어머니는 효녀를 길러낸다

엄할 엄 　어머니 모 　날 출 　효도 효 　딸 녀

부모님이 엄하게 나를 대하시면 야속한 마음이 들 수도 있습니다. 하지만 엄하게 하지 않으면 잘못된 행동을 고치지 않아 그러시는 경우가 대부분입니다. 부모님이 엄하게 혼내지 않아도 되도록 부모님 말씀을 잘 듣고 잘못된 행동은 고치도록 합시다.

 어휘+

嚴　엄할
- 엄격: 말, 태도가 매우 엄하고 철저함
- 엄숙: 분위기 등이 정엄하고 정숙함

5월 25일

인지재세 불가무우

사자소학

사람이 세상에 있으면서

사람 인 어조사 지 있을 재 인간 세

친구가 없을 수는 없다

아닐 불 옳을 가 없을 무 벗 우

안녕? 어제 왔던 그 고양이구나.

사람은 사회적 동물입니다. 혼자서는 살 수 없고 다른 사람과 어울려 함께 살아가야 한다는 말입니다. 친구는 놀 때도 필요하고 일할 때도 필요하고 힘이 들 때도 필요합니다. 여러분이 먼저 다른 사람에게 다가간다면 좋은 친구가 많이 생길 것입니다.

어휘+

 인간 세
- 세계: 온 세상
- 출세: 사회적으로 높이 되고 유명해짐

8월 7일 — 219

비재횡화 불입신가지문

명심보감

재앙은 조심하는 집안으로는 들어가지 못한다

아닐 비 / 재앙 재 / 가로 횡 / 재앙 화

아닐 불 / 들 입 / 삼갈 신 / 집 가 / 어조사 지 / 문 문

대부분의 사고는 사람이 조심하지 않아 벌어집니다. 좌우를 살피지 않고 길을 건너거나 조심성 없이 칼과 가위를 만지다가 사고를 당하기도 하죠. 언제든 사고가 날 수 있다는 마음으로 조심하면서 대비한다면 대부분의 사고를 예방할 수 있을 겁니다.

어휘+

 가로 횡

- **횡단**: 도로나 강 따위를 가로지름
- **횡포**: 제멋대로 굴며 몹시 난폭함

5월 26일 — 146

군자지교 담여수
소인지교 감약례

명심보감

군자의 사귐은 물과 같이 맑고

임금 군 / 아들 자 / 어조사 지 / 사귈 교 / 맑을 담 / 같을 여 / 물 수

소인의 사귐은 단술처럼 달콤하다

작을 소 / 사람 인 / 어조사 지 / 사귈 교 / 달 감 / 같을 약 / 단술 례

달콤한 음료는 맛있지만 많이 마시지 못합니다. 너무 달면 쉽게 질리기도 하고 많이 마시면 건강도 나빠지게 됩니다. 반면 물은 특별한 맛은 없지만 마셔도 질리지 않습니다. 친구를 사귈 때는 물과 같은 만남이 되어야 합니다.

어휘+

물 수

- **생수**: 샘에서 솟아나는 맑은 물
- **홍수**: 비가 많이 와서 강, 개천의 물이 갑자기 크게 불어남

8월 6일 218

근검 치가지본
화순 제가지본

명심보감

근검은 집안을
다스리는 근본이요

부지런할 근 검소할 검 다스릴 치 집 가 어조사 지 근본 본

화목과 순종은 집안을
가지런히 하는 근본이다

화할 화 순할 순 가지런할 제 집 가 어조사 지 근본 본

어떤 일이 잘되는 데에는 모두 이유가 있습니다. 성공하는 사람에게는 성공하는 이유가 있고 행복한 가정에는 행복한 이유가 있습니다. 한 가정이 자리를 잡고 평온하게 살기 위해서는 가족 구성원이 모두 근검절약하고 서로 양보하며 화목해야 합니다. 또한 부모님 말씀을 잘 따라 나쁜 것을 멀리하고 올바른 행동을 해야 합니다.

어휘+

 다스릴 치
- 치료: 병이나 상처 따위를 잘 다스려 낫게 함
- 통치: 나라나 지역을 맡아서 다스림

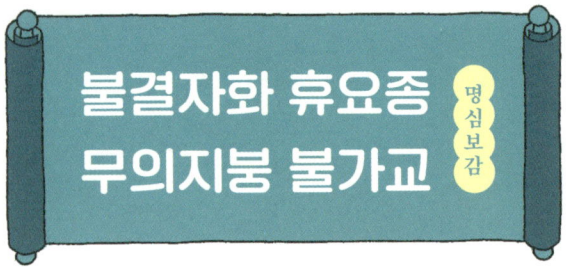

명심보감

불결자화 휴요종 무의지붕 불가교

열매를 맺지 않는 꽃은 심지 말고

아닐 불 　맺을 결　 아들 자　 꽃 화　 쉴 휴　 요긴할 요　 씨 종

의리 없는 친구는 사귀지 말아라

없을 무　 옳을 의　 어조사 지　 벗 붕　 아닐 불　 옳을 가　 사귈 교

친구란 마음이 통하고 의리로 서로를 지켜주는 그런 사이입니다. 단순히 나이가 같다고 친구는 아닙니다. 마음이 통하지 않고 의리가 없는 친구는 사귀지 않는 편이 좋습니다. 여러분이 먼저 믿어 주고 도와주는 친구가 되어 주세요.

어휘+

 要　요긴할 요
- 수요: 무언가를 일정한 가격으로 사려 하는 욕구
- 요구: 받아야 할 것을 필요에 의하여 달라고 청함

8월 5일　217

자효쌍친락 가화만사성

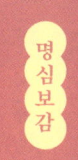 명심보감

자식이 효도하면 부모님이 즐겁고

子 孝 雙 親 樂
아들 자 / 효도 효 / 두 쌍 / 친할 친 / 즐길 락

집안이 화목하면 모든 일이 다 잘된다

家 和 萬 事 成
집 가 / 화할 화 / 일만 만 / 일 사 / 이룰 성

사람에게는 마음의 안정이 매우 중요합니다. 마음이 편안하면 지금 하는 일에 집중해서 좋은 결과를 얻을 수 있습니다. 반면 마음이 불편하면 집중력이 흐트러져 좋은 결과를 얻기 어렵습니다. 마음의 안정에 있어 가장 중요한 것은 바로 가정의 화목함입니다.

어휘+

雙 두 쌍
- 쌍쌍: 둘 이상의 쌍
- 쌍벽: 우열을 가리기 어려운 둘을 비유적으로 이르는 말

5월 28일 — 148

상식만천하 지심능기인

명심보감

얼굴 아는 사람은 세상에 가득해도

서로 **상**　알 **식**　찰 **만**　하늘 **천**　아래 **하**

마음 아는 사람은 몇이나 될까?

알 **지**　마음 **심**　능할 **능**　몇 **기**　사람 **인**

여러분이 얼굴을 아는 사람은 수백 명은 될 겁니다. 하지만 마음을 아는 사람은 몇 명 되지 않을 겁니다. 얼굴을 아는 건 쉬워도 마음을 아는 건 어렵습니다. 마음을 터놓고 지낼 수 있는 진짜 친구를 만들어 보세요.

어휘+

아래 **하**
- 상하: 위와 아래
- 하부: 아래쪽 부분

8월 4일　216

형제 위수족 수족단처 난가속

명심보감

형제는 손발과 같아서

 兄 형 형 弟 아우 제 爲 할 위 手 손 수 足 발 족

끊어지면 다시 잇기 어렵다

 手 손 수 足 발 족 斷 끊을 단 處 곳 처 難 어려울 난 可 옳을 가 續 이을 속

부모와 자식의 관계는 하늘이 내린 인연이라 끊기 어렵습니다. 반면 형제 사이의 관계는 부모와 자식의 관계만큼 단단하지는 않습니다. 형제간에 의가 상해 관계가 끊어지면 다시 잇기 어려우니 서로를 존중하며 잘 지내도록 합니다.

어휘+

手 손 수
- 세수: 손이나 얼굴을 씻음
- 수완: 일을 꾸미거나 치러 나가는 재간

5월 29일 — 149

여무식인동행 여측중좌

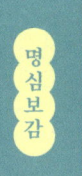

어리석은 사람과 함께 가면

더불 여 없을 무 알 식 사람 인 함께 동 다닐 행

뒷간에 앉아 있는 것과 같다

같을 여 뒷간 측 가운데 중 앉을 좌

내가 먼저 줄 섰어!

'뒷간'은 대소변을 물로 흘려 보내지 않고 커다란 통에 그대로 받아 놓는 옛날식 화장실을 뜻합니다. 뒷간에서 나는 냄새는 너무 고약해 오래 있다 보면 온몸에 배게 되죠. 어리석은 사람의 말과 행동을 배워 여러분도 함께 올바르지 못한 행동을 해서는 안 되겠습니다.

 함께 동
- 동일: 어떤 것과 비교하여 똑같음
- 동료: 같은 직장이나 같은 부문에서 함께 일하는 사람

8월 3일 215

자부담부지과 (명심보감)

아들은 아버지의 잘못을 말해서는 안 된다

子 不 談 父 之 過
아들 자 / 아닐 부 / 말씀 담 / 아버지 부 / 어조사 지 / 잘못 과

세상에 허물 없는 사람은 없습니다. 그러니 여러분 부모님에게도 작은 허물 한두 개 쯤은 분명 있을 겁니다. 자녀는 그런 부모의 허물에 대해서 함부로 말해서는 안 됩니다. 그것은 여러분을 길러준 부모에 대한 매우 큰 결례입니다.

어휘+

談 말씀 담
- 속담: 예로부터 전해 내려오는 격언이나 잠언
- 상담: 문제를 해결하거나 궁금증을 풀기 위하여 서로 의논함

5월 30일 — 150

여호인동행
여무로중행

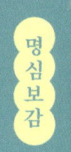 명심보감

좋은 사람과 함께 가면

 與 더불 여
 好 좋을 호
 人 사람 인
 同 함께 동
 行 다닐 행

안개 속을 걷는 것과 같다

 如 같을 여
 霧 안개 무
 露 이슬 로
 中 가운데 중
 行 다닐 행

안갯속을 걸으면 안개의 물기가 옷에 점점 스며듭니다. 이처럼 좋은 사람과 함께하면 그들의 좋은 특징이 스며들어 우리도 점점 좋은 사람이 됩니다. 반대로 나쁜 사람과 함께하면 나쁜 특징이 스며들게 됩니다.

어휘+

 好 좋을 호
- 기호: 즐기고 좋아함
- 선호: 여럿 가운데서 특별히 가려서 좋아함

8월 2일 214

빈궁곤액 친척상구

사자소학

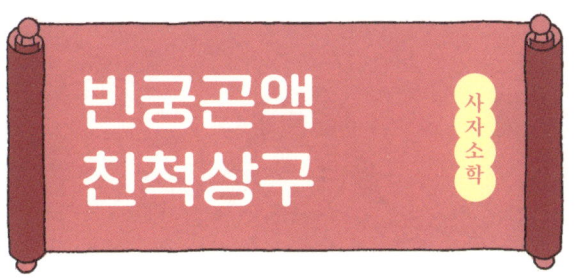

가난함과 괴로움과 나쁜 일이 있을 때는

 가난할 빈　 궁할 궁　 괴로울 곤　 재앙 액

친척들이 서로 도와주어라

 친할 친　 친척 척　 서로 상　 도울 구

친척은 아버지의 형제이자 어머니의 자매입니다. 그러니 모두 우리와 피를 나눈 사람들입니다. 친척이 어려움에 빠졌을 때는 서로 도와주어야 합니다. 따뜻한 말을 전하고 따뜻한 음식을 나눠 보세요. 가끔 안부 전화를 드리는 것도 좋겠습니다.

 어휘＋

 가난할 **빈**
- 빈곤: 가난하고 궁색하여 살기 어려움
- 빈부: 가난함과 넉넉함

5월 31일 — 151

여선인거 여입지란지실

명심보감

착한 사람과 함께하면

더불 여 / 착할 선 / 사람 인 / 있을 거

난초가 있는 방에 있는 것과 같다

같을 여 / 들 입 / 지초 지 / 난초 란 / 어조사 지 / 집 실

지원아, 미안한데 오늘만 당번 나랑 바꿔 줄 수 있을까?

준우야, 얘기 들었어. 청소는 걱정 말고 대회 잘 다녀와!

향기로운 방에 있으면 향기가 여러분의 코를 즐겁게 하고, 또 여러분의 옷에 스미기도 할 것입니다. 그러면 방을 나와도 여러분에게서 좋은 향이 나겠죠. 이처럼 착한 사람을 벗으로 두면 여러분도 더불어 착한 사람이 됩니다.

어휘+

난초 란
- 난초: 아름답고 향기로운 식물의 일종
- 지란지교: 벗 사이의 맑고도 고귀한 사귐

8월 1일 — 213

대장부 당용인 무위인소용

명심보감

대장부는 마땅히 남을 용서해야 하지만

 클 대   어른 장   사나이 부   마땅 당   용서 용   사람 인

남의 용서를 받는 일을 해서는 안 된다

 없을 무   할 위   사람 인   바 소   용서 용

훌륭한 사람은 남의 잘못을 넓은 마음으로 안아 주고 용서할 줄 알아야 합니다. 하지만 남들에게 용서받아야 하는 잘못된 행동을 해서는 안 됩니다. 올바른 행동을 함으로써 다른 사람의 비난을 받거나 용서를 구해야 하는 상황을 만들지 않도록 합니다.

어휘+

클 대
- **확대**: 모양이나 규모를 더 크게 함
- **위대**: 능력, 업적 따위가 뛰어나고 훌륭함

6월 1일 152

사수소 부작불성

명심보감

비록 작은 일이라 해도
事 (일 사) 雖 (비록 수) 小 (작을 소)

실제로 하지 않으면 이룰 수 없다
不 (아닐 부) 作 (지을 작) 不 (아닐 불) 成 (이룰 성)

어떤 일을 이루려면 반드시 실제로 그 일을 해야만 합니다. 운동이든 공부든, 그것이 무엇이든 간에 말로만 하는 다짐은 아무런 효과가 없습니다. 여러분은 원하는 것을 이루기 위해 무엇을 실천하고 있나요?

어휘＋

成 이룰 성
- 성공: 목적한 바를 이룸
- 성장: 사람이나 동식물 따위가 자라 점점 커짐

7월 31일

물이귀기이천인

명심보감

자신이 귀하다고 다른 사람을
천하게 여기지 말아라

말 물　써 이　귀할 귀　자기 기　말 이을 이　천할 천　사람 인

사람이 자기 자신을 귀하게 여기는 것은 자연스럽습니다. 하지만 내가 귀하다고 해서 다른 사람이 귀하지 않은 것은 아닙니다. 나도 귀하고 다른 사람도 모두 귀합니다. 여러분이 소중한 만큼 다른 모든 사람 역시 귀하다는 사실을 잊어서는 안됩니다.

어휘＋

貴　귀할 귀
- 귀인: 사회적 지위가 높고 귀한 사람
- 희귀: 드물어서 특이하거나 매우 귀함

욕지미래 선찰이연

명심보감

미래를 알고자 한다면

하고자 할 욕   알 지   아닐 미   올 래

이미 지나간 일을 살펴라

먼저 선   살필 찰   이미 이   그럴 연

매일매일 다른 일이 일어나는 것 같지만 사실 우리의 인생은 비슷한 일들이 일어나고 또 일어나며 반복되고 있죠. 그래서 앞으로 어떤 일이 일어날지를 알려면 지금까지 있었던 일들을 돌아보면 됩니다.

어휘＋

 그럴 연
- 자연: 사람의 힘이 더해지지 않은 우주의 모든 존재와 상태
- 우연: 아무런 인과 관계 없이 뜻하지 않게 일어난 일

7월 30일

봉인차설삼분화 미가전포일편심

명심보감

사람을 만나면 하고 싶은 말
세 마디 중 한 마디만 하고

만날 봉 사람 인 또 차 말씀 설 석 삼 나눌 분 말씀 화

마음 속 깊은 말까지 모두 해서는 안 된다

아닐 미 옳을 가 온전할 전 던질 포 한 일 조각 편 마음 심

말에는 해서 좋은 말이 있고 나쁜 말이 있습니다. 또 해도 되는 말이 있고 하면 안 되는 말도 있죠. 그러니 말을 하기 전에 어떤 말을 해도 되고 어떤 말을 하면 안 되는지 생각해야 합니다. 하면 안 되는 말을 모두 하는 것은 솔직한 것이 아니라 무례한 것입니다.

어휘+

逢 만날 봉
- 상봉: 서로 만남
- 봉변: 뜻밖의 변이나 망신스러운 일을 당함

일일지계 재어인

명심보감

하루의 계획은

한 일   날 일   어조사 지   셀 계

새벽에 세운다

있을 재   어조사 어   셋째 지지 인

여러분은 하루를 어떻게 보내나요? 구체적인 계획을 세워 그에 따라 살고 있나요? 혹은 아무런 생각 없이 되는대로 살아가고 있지는 않나요? 이런 작은 습관의 차이가 우리의 인생을 좌우합니다. 내일 아침에는 꼭 하루의 계획을 세워 보세요.

어휘 ➕

있을 재
- 현재: 지금의 시간
- 부재: 그곳에 있지 아니함

7월 29일

물이자대이멸소

명심보감

자신이 크다고
남의 작음을 업신여기지 말라

말 물 써 이 스스로 자 클 대 말 이을 이 업신여길 멸 작을 소

자기가 잘난 점이 있으면 그와 반대되는 사람을 업신여기고 무시하기 쉽습니다. 하지만 세상에 완벽한 사람은 없으니 여러분에게도 분명 부족한 면이 있을 겁니다. 남의 부족함을 놀리거나 비웃지 말고 그 사람의 장점을 칭찬해 주도록 합시다.

어휘+

 업신여길 멸
- 경멸: 깔보아 업신여김
- 멸시: 업신여기거나 하찮게 여겨 깔봄

6월 4일 155

일생의 계획은
 一 한 일　 生 살 생　 之 어조사 지　 計 셀 계

어릴 때 세운다
 在 있을 재　 於 어조사 어　 幼 어릴 유

모든 일은 계획을 세우는 것에서 출발합니다. 계획을 잘 세우면 목표한 일이 훨씬 수월하게 이루어질 수 있습니다. 여러분은 어떠한 목표를 가지고 무엇을 실천하며 살아가고 싶나요? 오늘 그 계획을 세워 보세요.

 어휘+

 計　 셀 계
- 계획: 앞으로 할 일 절차, 방법 따위를 미리 생각해 작정함
- 계산: 수를 헤아림

 7월 28일　 209

물이시용 이경적

명심보감

자신의 용맹을 믿고

말 물　써 이　믿을 시　날랠 용

상대를 가볍게 생각하지 말라

말 이을 이　가벼울 경　대적할 적

결국 졌어.

사람의 자만심은 늘 문제를 일으킵니다. 자만심이 넘치면 상대를 무시하고 최선을 다하지 않게 되죠. 그래서 생각하지도 못했던 상대에게 지는 경우도 생깁니다. 무엇을 하든 상대를 얕보지 말고 최선을 다해야 좋은 결과를 얻을 수 있습니다.

어휘+

날랠
- 용맹: 용감하고 사나움
- 만용: 분별없이 함부로 날뛰는 용맹

6월 5일

156

공심 약비사심 하사불변

명심보감

모두를 위한 마음이
자신을 위한 마음과 같다면

공평할 공 / 마음 심 / 같을 약 / 견줄 비 / 사사 사 / 마음 심

잘못된 판단을 하지 않을 것이다

어떠한 하 / 일 사 / 아닐 불 / 분별할 변

전쟁 피해를 입은 나라를 도울 것입니다.

사람은 자기 자신의 이익에 신경을 쓰느라 다른 사람의 이익에는 무관심할 수 있습니다. 하지만 우리는 함께 살기 때문에 그렇게 해서는 안 됩니다. 나의 이익을 챙기기 전에, 내가 얻는 이익으로 인해 다른 사람에게 무슨 일이 생기는지 꼭 생각해 보기 바랍니다.

어휘+

 공평할 공

- **공공**: 국가나 사회 구성원에게 두루 관계되는 것
- **공연**: 여러 사람 앞에서 연극, 무용 따위를 보여 줌

7월 27일 — 208

문인지방 미상노

명심보감

다른 사람에게 비방을 들을지라도

들을 문   사람 인   어조사 지   헐뜯을 방

화내지 말아라

아닐 미   맛볼 상   성낼 노

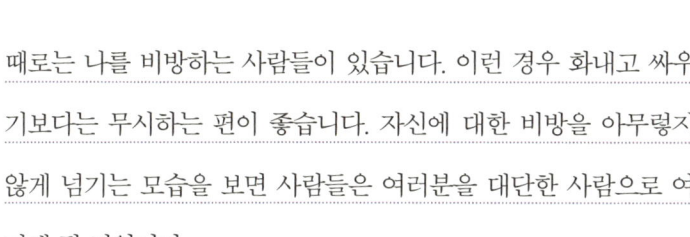

때로는 나를 비방하는 사람들이 있습니다. 이런 경우 화내고 싸우기보다는 무시하는 편이 좋습니다. 자신에 대한 비방을 아무렇지 않게 넘기는 모습을 보면 사람들은 여러분을 대단한 사람으로 여기게 될 것입니다.

어휘+

 헐뜯을 방
- 비방: 남을 비웃고 헐뜯어서 말함
- 훼방: 남의 일을 방해함

6월 6일 157

상사이왕지비 매념미래지구

명심보감

항상 지나간 잘못을 생각하고

常 思 己 往 之 非
항상 상 / 생각 사 / 이미 이 / 갈 왕 / 어조사 지 / 아닐 비

매번 앞으로의 허물을 생각하라

每 念 未 來 之 咎
매양 매 / 생각 념 / 아닐 미 / 올 래 / 어조사 지 / 허물 구

아까 화내지 말고 참을걸….

사람은 잘못을 고쳐 나갈 때 가장 크게 발전해 나갑니다. 그를 위해서는 이미 저지른 잘못을 돌이켜 보면 좋습니다. 언제 어떤 상황에서 어떤 식으로 잘못했는지 생각해 보세요. 비슷한 상황이 오면 어떻게 행동할지도 생각해 보세요.

어휘+

往 갈 왕
- 왕복: 갔다가 돌아옴
- 왕래: 가고 오고함

7월 26일

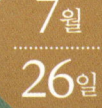

207

문인지예 미상희

명심보감

다른 사람에게 칭찬을 들더라도

들을 문　사람 인　어조사 지　명예 예

기뻐하지 말아라

아닐 미　맛볼 상　기쁠 희

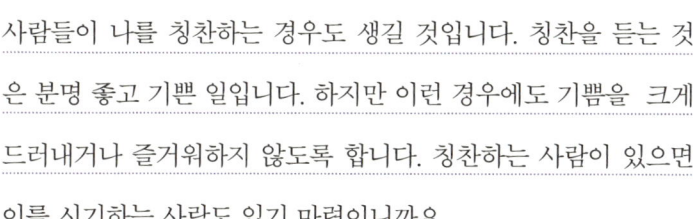

사람들이 나를 칭찬하는 경우도 생길 것입니다. 칭찬을 듣는 것은 분명 좋고 기쁜 일입니다. 하지만 이런 경우에도 기쁨을 크게 드러내거나 즐거워하지 않도록 합니다. 칭찬하는 사람이 있으면 이를 시기하는 사람도 있기 마련이니까요.

명예 예
- 명예: 사람들에게 훌륭하다고 인정되는 자랑
- 영예: 영광스러운 명예

6월 7일 158

극기 이근검위선

명심보감

자기를 이겨 내는 데는

이길 극   자기 기

부지런함과 검소함을 우선으로 하라

써 이   부지런할 근   검소할 검   할 위   먼저 선

세상을 이기기 위해서는 먼저 자신을 이겨야 합니다. 자신의 감정, 욕심, 충동을 이겨 낼 수 있는 사람은 세상 그 어떤 일도 모두 이겨 낼 수 있습니다. 여러분은 순간순간 일어나는 욕심과 욕구를 이겨 내고 올바른 행동을 할 수 있나요?

이길 극

- 극기: 자기의 감정, 욕심, 충동 따위를 눌러 이김
- 극복: 악조건이나 고생 따위를 이겨 냄

7월 25일

206

문인지선 즉취이화지 우종이희지

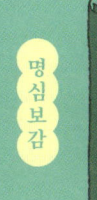
명심보감

다른 사람의 착한 점을 듣게 되면

들을 문　사람 인　어조사 지　착할 선

곧 화답하고

곧 즉　나아갈 취　말이을 이　화답할 화　어조사 지

또 기뻐하며 따르라

또 우　좇을 종　말이을 이　기쁠 희　갈 지

사람은 누구나 칭찬을 좋아합니다. 칭찬을 들으면 좋은 행동을 더 많이 하려고 하지요. 그러니 남을 칭찬하는 일에 인색하지 마세요. 여러분이 나서서 친구를 칭찬하세요. 또한 누군가 다른 사람을 칭찬하면 가만히 있지 말고 함께 칭찬하세요.

어휘＋

법칙 칙　■ 법칙: 반드시 지켜야 하는 규범
　　　　■ 반칙: 법칙, 규칙 따위를 어김

6월 8일　159

생사사생 군막원

명심보감

일을 만들고 나서 일이 생겼다고
 날 생   일 사   일 사   날 생

원망하지 말아라
 임금 군   하지 말 막   원망할 원

우리에게 일어나는 일 중 상당수는 우리의 말과 행동으로 인해 일어납니다. 그러니 나쁜 일과 괴로운 일이 일어나지 않도록 스스로 자신의 말과 행동을 삼가야 합니다. 스스로 나쁜 일을 불러 일으킨 후 뒤늦게 후회한들 아무 소용이 없습니다.

 어휘+

 임금 군
- 군주: 임금의 자리를 물려받은 최고 권력자
- 군자: 행실이 점잖고 어질며 덕과 학식이 높은 사람

7월 24일

추월 양휘 도자 증기조감

명심보감

가을 달빛이 밝게 비치면

가을 추 · 달 월 · 밝힐 양 · 빛날 휘

도둑놈은 그 밝게 비춤을 미워한다

도둑 도 · 사람 자 · 미울 증 · 그 기 · 비칠 조 · 거울 감

우리 놀이기구 타러 가자!

글쎄… 난 놀이기구 별로 안 타고 싶어.

밝게 빛나는 달은 대부분의 사람이 좋아합니다. 하지만 도둑은 그 밝음으로 자신이 보일까 싫어하겠죠. 이처럼 세상에는 아무리 좋은 것이라도 그것을 싫어하는 사람이 있기 마련입니다. 그러니 다른 사람들이 여러분과 같은 것을 좋아할 거라고 기대하지 마세요.

 어휘 +

 달
- 월급: 한 달을 단위로 하여 노동의 대가로 지급하는 돈
- 월간: 한 달 동안

6월 9일  160

아약피인매 양롱불분설

명심보감

오늘 친구들이 한 심한 말에 너무 마음 쓰지 말아야지.

다른 사람이 나에게 욕을 해도

我 若 被 人 罵
나 아 같을 약 입을 피 사람 인 꾸짖을 매

귀먹은 체 하고 대꾸하지 마라

佯 聾 不 分 說
거짓 양 귀먹을 롱 아닐 불 나눌 분 말씀 설

진짜 나의 잘못을 누군가 말한다면 그 말은 귀 기울여 듣고 반성해야 합니다. 하지만 괜히 트집을 잡거나 욕을 한다면 그런 말은 못 들은 척 무시하는 것이 좋습니다. 싸우기를 좋아하는 사람과는 아예 어울리지 않는 것이 좋기 때문입니다.

 입을 피
- 피해: 생명, 신체, 재산 등에 손해를 입음
- 피살: 죽임을 당함

 7월 23일
 204

기만칙일 인만칙상

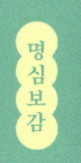
명심보감

그릇은 가득 차면 넘치고

그릇 기 찰 만 법칙 칙 넘칠 일

사람은 가득 차면 잃게 된다

사람 인 찰 만 법칙 칙 잃을 상

선생님들한테도 좀 드리면 어때?

싫어, 내가 다 가져갈래.

컵에 물이 가득 찼는데 계속 물을 부으면 물이 넘칠 겁니다. 마찬가지로 많은 것을 가진 사람이 더 많이 가지려 하면 반드시 가진 것을 잃게 됩니다. 가득 차면 오히려 잃게 되는 것이 세상의 이치입니다. 적당히 채우면 만족하고 멈출 줄 알아야 합니다.

어휘 +

 그릇 기
- 장기: 내장의 여러 기관
- 악기: 음악을 연주하는 데 쓰는 여러 기구

6월 10일

굴기자 능처중 호승자 필우적

명심보감

굽힐 줄 아는 사람은
중요한 지위에 오르고

굽힐 **굴** 몸 기 사람 자 능할 능 곳 처 무거울 중

이기길 좋아하는 사람은
반드시 적을 만나게 된다

좋을 호 이길 승 사람 자 반드시 필 만날 우 대적할 적

다른 사람을 이겨서 성공하려는 사람 주변에는 그 패배를 되갚아 주려는 적들로 가득합니다. 실제로 성공하기 위해 필요한 것은 나를 인정하고 도와주는 사람들입니다. 때로는 양보하고 때로는 굽히면서 사람들을 내 편으로 만들어 보세요.

어휘+

굽힐 **굴**
- 굴욕: 남에게 억눌려 업신여김을 받음
- 비굴: 용기나 줏대가 없이 남에게 굽히기 쉬움

7월 22일 · 203

견인지선 이심기지선

명심보감

다른 사람의 착한 점을 보면

볼 견　사람 인　어조사 지　착할 선

내게도 그런 착한 점이 있는지 찾아보아라

말 이을 이　찾을 심　자기 기　어조사 지　착할 선

사람은 다른 사람을 보고 배우면서 성장합니다. 다른 사람에게 장점이 보이면 이를 적극적으로 배우도록 노력하세요. 하나둘씩 친구의 장점을 보고 배우다 보면 어느새 그 누구보다 훌륭한 사람이 되어 있을 겁니다.

어휘＋

 볼 견
- 발견: 새로운 사물이나 현상을 찾아냄
- 견문: 보고 들음

6월 11일　162

구법조조락 기공일일우

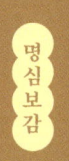
명심보감

법을 두려워하면
아침마다 즐거울 것이요

두려워할 구   법 법   아침 조   아침 조   즐길 락

공정함을 속이면
날마다 근심할 것이다

속일 기   공평할 공   날 일   날 일   근심 우

법과 규칙을 잘 지키는 사람은 잘못한 일이 없기 때문에 두려울 것이 없습니다. 반면 법과 규칙을 잘 지키지 않는 사람은 언제 들킬지 몰라 근심할 수밖에 없습니다. 법과 규칙을 잘 지켜 두려울 것 없는 사람이 되도록 합시다.

어휘+

- **법률**: 국민이 지켜야 한다고 국가가 정한 사회 규범
- **준법**: 법률이나 규칙을 잘 지킴

견인지악 이심기지악

명심보감

다른 사람의 나쁜 점을 보면

見 人 之 惡
볼 견 / 사람 인 / 어조사 지 / 악할 악

내게도 그런 나쁜 점이 있지 않은지 찾아보아라

而 尋 己 之 惡
말 이을 이 / 찾을 심 / 자기 기 / 어조사 지 / 악할 악

단점이 아예 없는 사람은 없습니다. 훌륭한 사람은 단점이 없는 사람이 아니라 단점을 줄여 나가는 사람입니다. 그러니 자신의 단점이 무엇인지 스스로 찾아야 합니다. 친구들에게서 보이는 나쁜 모습을 혹시 나도 갖고 있지 않은지 돌아 보세요.

어휘＋

惡 악할 악
- 악마: 아주 나쁜 마귀나 귀신
- 악취: 고약한 냄새

6월 12일 163

좌밀실 여통구

명심보감

닫힌 방에 앉아 있더라도

앉을 좌   빽빽할 밀   집 실

마치 네거리에 앉은 것처럼 하라

같을 여   통할 통   네거리 구

'낮말은 새가 듣고 밤말은 쥐가 듣는다.'는 속담이 있습니다. 아무도 없는 방에서 하는 말과 행동이라도 누가 듣고 누가 볼지 모릅니다. 아무도 보지 않는다고 해도 스스로 떳떳하지 않은 말과 행동은 해서는 안 됩니다.

어휘+

 앉을 **좌**
- 좌석: 앉을 수 있게 마련된 자리
- 좌식: 의자가 아닌 바닥에 앉는 방식

7월 20일 — 201

계안막간타비 계구막담타단

명심보감

다른 사람의 그릇됨을
보지 않도록 눈을 경계하고

경계할 계 / 눈 안 / 없을 막 / 볼 간 / 다를 타 / 아닐 비

다른 사람의 단점을
말하지 않도록 입을 경계하라

경계할 계 / 입 구 / 없을 막 / 말씀 담 / 다를 타 / 짧을 단

어머, 걔가 진짜 그랬대?

만약 누군가 우리의 단점에 대해 계속 이야기한다면 굉장히 기분이 나쁠 것입니다. 그러니 다른 사람이 아닌 자기 자신의 잘못과 단점에 집중하고 고치려 노력해야 합니다. 다른 사람의 허물을 들추는 것은 쓸데없는 분쟁만 일으키는 행동입니다.

눈 안
- 안과: 눈의 병을 연구하고 치료하는 분야
- 혜안: 사물을 꿰뚫어 보는 안목과 식견

지지상지 종신무치

명심보감

그칠 줄 알아
항상 적당히 그치는 사람은

알 지　그칠 지　항상 상　그칠 지

죽을 때까지
부끄러운 일을 당하지 않는다

마칠 종　몸 신　없을 무　부끄러울 치

모든 행동에는 적당한 선이 있어 이를 넘어서면 안됩니다. 적당한 장난과 농담은 분위기를 좋게 하지만 그 적당함을 넘으면 상대의 기분을 상하게 하고 분위기를 나쁘게 만듭니다. 내가 하는 말과 행동이 지나치지 않은지 생각해 보기 바랍니다.

　그칠
- 금지: 법이나 규칙으로 어떤 행위를 하지 못하도록 함
- 방지: 어떤 일이 일어나지 않도록 미리 막음

 7월 19일　 200

과생어경만 죄생어불인

명심보감

잘못은 경솔하고 교만한 데서 생기고

잘못 과 / 날 생 / 어조사 어 / 가벼울 경 / 거만할 만

죄는 어질지 못한데서 생긴다

허물 죄 / 날 생 / 어조사 어 / 아닐 불 / 어질 인

사람이라면 누구나 실수를 합니다. 하지만 훌륭한 사람은 같은 잘못을 반복하지 않아요. 같은 잘못을 여러 번 반복하는 사람은 보통 자기 마음 안에 원인이 있습니다. 경솔하고 교만하거나 어질지 못하다면 자신이 잘못하고도 그것이 잘못인지를 모르는 것입니다.

어휘+

허물 **죄**
- 범죄: 법규를 어기고 저지른 잘못
- 죄인: 죄를 지은 사람

중호지 필찰언
중오지 필찰언

명심보감

사람들이 좋아해도
반드시 살펴보고

무리 중 좋을 호 어조사 지 반드시 필 살필 찰 어찌 언

사람들이 미워해도
반드시 살펴봐야 한다

무리 중 미워할 오 어조사 지 반드시 필 살필 찰 어찌 언

다른 사람들이 쳐다 봐. 진짜 그만해.

어리석은 사람은 스스로 생각할 줄 모르고 다른 사람의 생각을 따라다니기만 합니다. 반면 현명한 사람은 스스로 생각할 줄 압니다. 다른 사람의 의견을 참고하는 것은 좋지만 남의 말만 믿지 말고 스스로 생각하는 습관을 가져야 합니다.

무리 **중**
- 군중: 한 곳에 모인 많은 사람
- 관중: 운동 경기 따위를 구경하기 위하여 모인 사람

인수지우 책인칙명

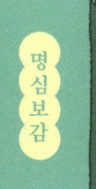
명심보감

비록 매우 어리석은 사람일지라도

사람 인 / 비록 수 / 이를 지 / 어리석을 우

남을 꾸짖는 일에는 밝은 법이다

꾸짖을 책 / 사람 인 / 법칙 칙 / 밝을 명

다른 사람을 탓하기는 쉽습니다. 완벽한 사람은 없고 누구나 조금이나마 부족함을 갖고 있기 때문입니다. 그래서 훌륭한 사람은 남을 탓하기보다 스스로를 돌아봅니다. 오직 어리석은 사람만이 남을 헐뜯으며 시간을 보냅니다.

 어휘 +

 어리석을 우
- 우롱: 사람을 어리석게 보고 함부로 대함
- 우둔: 어리석고 둔함

6월 15일

도오악자 시오사

명심보감

"게임한 지 벌써 3시간 지났어. 학교 숙제는 다 했니?"

나의 잘못을 말해 주는 사람이

길 도 　 나 오 　 악할 악 　 사람 자

곧 나의 스승이다

이 시 　 나 오 　 스승 사

단점을 고쳐 나가기 위해서는 나에게 어떤 단점이 있는지 알아야 합니다. 그렇기 때문에 누군가 나의 잘못을 말할 때 귀 기울여 들어야 합니다. 기분 좋은 일은 아니지만 그런 말에 귀 기울일 수 있을 때 우리는 발전할 수 있습니다.

어휘＋

 길

- **도로**: 사람이나 차 따위가 다닐 수 있도록 만들어 놓은 넓은 길
- **정도**: 올바른 길 또는 정당한 도리

7월 17일　198

수유총명 서기칙혼

명심보감

비록 매우 똑똑한 사람일지라도

비록 수 있을 유 귀 밝을 총 똑똑할 명

자신을 용서하는 일에는
어두운 법이다.

용서할 서 자기 기 법칙 칙 어두울 혼

> 최근에 내가 잘한 일과 잘못한 일을 하나씩 떠올려 보세요.

콩나물쌤과 함께하는 예절교육 1주차

사람들은 다른 사람은 용서하지 못하면서 자기 자신은 쉽게 용서합니다. 같은 잘못을 해도 남의 잘못은 두고두고 원망하지만 자신의 잘못은 반나절이면 잊어버립니다. 이처럼 반성 없이 자기 잘못을 잊어버리는 사람은 같은 잘못을 반복하게 됩니다.

어휘＋

 귀 밝을 총
- 총명: 머리가 맑고 밝아 영리하고 재주가 있음
- 총기: 총명한 기운

6월 16일 167

충신자상 온량공검

사자소학

충실하고 신용 있고 자상하며

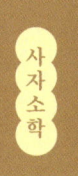

 충성 충   믿을 신   사랑 자   상서로울 상

온순하고 어질고 공손하고 검소하게 하라

 온순할 온   어질 량   공손할 공   검소할 검

"학교 마치고 미술 준비물 같이 사러 갈래? 지은이랑 주연이한테도 물어 볼게."

행운은 그것을 받을 만한 자격이 있는 사람에게 찾아옵니다. 자신의 일에 충실하고 남에게 믿음을 얻고 자상하고 온순하면 반드시 행운이 찾아올 것입니다. 행운이 오기만 기다리지 말고 행운이 찾아올 수 있는 마음가짐을 기르기 바랍니다.

어휘+

忠 충성 충
- 충성: 진정에서 우러나오는 정성
- 충효: 충성과 효도

7월 16일 — 197

인무백세인 왕작천년계

사람은 백 년을 살지 못하면서

사람 인 / 없을 무 / 일백 백 / 해 세 / 사람 인

부질없이 천 년을 계획한다

굽을 왕 / 지을 작 / 일천 천 / 해 년 / 셀 계

"부자가 돼서 멋진 집도 짓고 사고 싶은 거 다 사고 싶다!"

사람은 보통 80년을 살고 길게 살아야 100년입니다. 그런데 마치 천년만년 영원히 살 것처럼 끝없이 욕심내는 사람들이 있습니다. 목표를 가지고 열심히 사는 것은 좋습니다. 하지만 과도한 욕심은 버리고 바르게 살아야 하겠습니다.

歲 해 세
- 연세: 나이의 높임말
- 세월: 흘러가는 시간

상덕고지 연낙중응

사자소학

덕은 항상 굳게 지니고

항상 상 / 덕 덕 / 굳을 고 / 가질 지

승낙할 때에는 신중히 대답하라

그럴 연 / 허락할 낙 / 무거울 중 / 응할 응

이런저런 부탁을 받을 때는 함부로 승낙해서는 안 됩니다. 별다른 생각 없이 승낙했다가 나중에 다시 거절하게 되면 상대방은 여러분을 거짓말쟁이로 생각할 것입니다. 부탁을 들어줄 수 있는지 충분히 생각한 후 승낙하도록 합시다.

 굳을 고
- 고체: 일정한 모양과 부피가 있어 쉽게 변하지는 않는 물질의 상태
- 고집: 자기의 의견을 바꾸지 않고 굳게 버팀

7월 15일 / 196

부인 미필상청소 _{명심보감}

사람을 떠받쳐도
반드시 하늘까지 올라가지지는 않는다

扶 人 未 必 上 靑 霄
도울 부 · 사람 인 · 아닐 미 · 반드시 필 · 윗 상 · 푸를 청 · 하늘 소

세상에는 가능한 일과 불가능한 일이 있습니다. 큰 목표를 가지고 원대한 꿈을 꾸는 것은 좋지만 너무 허황되거나 불가능한 일을 이루려 해서는 안 됩니다. 목표를 세울 때는 어디까지 가능하고 어디부터 불가능한지 잘 따져볼 필요가 있습니다.

어휘+
扶 도울 부
- 부양: 생활 능력이 없는 사람의 생활을 돌봄
- 부조: 잔칫집이나 상가 등에 돈과 물건을 보내어 도와줌

6월 18일 · 169

거처필공 보리안상

사자소학

머무를 때는 반드시 공손히 하고

 살 거   때 처   반드시 필   공손할 공

걸음걸이는 편안하고 침착히 하라

 걸음 보   밟을 리   편안할 안   자세할 상

안녕하세요, 선생님.

사람이 머무를 때는 그 행동이 공손해야 합니다. 말이나 행동을 겸손히 하고 예의를 지켜야 한다는 뜻입니다. 가정에서는 부모님께 학교에서는 선생님과 친구들에게 공손히 행동하세요. 이렇게 행동하면 모든 사람이 여러분을 좋아하게 될 겁니다.

어휘+

 살 거

- **거주**: 일정한 곳에 머물러 삶
- **거처**: 일정하게 자리를 잡고 사는 일 혹은 장소

7월 14일 · 195

추인 미필전구학

명심보감

사람을 떠밀어도
반드시 구렁까지 떨어지지는 않는다

推 人 未 必 塡 邱 壑
밀 추 / 사람 인 / 아닐 미 / 반드시 필 / 메울 전 / 언덕 구 / 골 학

안 좋은 일이 연달아 생기면 나쁜 일이 끝없이 이어질 것 같은 착각이 듭니다. 하지만 끝나지 않는 일은 없으며 시간이 지나면 반드시 끝나는 순간이 옵니다. 힘든 시기는 언젠가 반드시 지나간다는 믿음과 희망으로 견뎌 내야 합니다.

어휘+

推 밀 추
- 추진: 물체를 밀어 앞으로 내보냄
- 추천: 어떤 조건에 적합한 대상을 책임지고 소개함

6월 19일 170

용모단정 의관정제

사자소학

용모는 단정히 하고

얼굴 용 　 얼굴 모 　 단정할 단 　 바를 정

옷차림은 가지런히 하라

옷 의 　 갓 관 　 가지런할 정 　 가지런할 제

사람이 다른 사람을 평가할 때는 가장 먼저 용모를 봅니다. 얼굴 표정과 습관은 물론 옷을 어떻게 입었는지도 봅니다. 단정하게 옷을 입고 당당한 표정으로 자신 있게 말하면 사람들은 여러분을 믿을 수 있는 사람으로 생각할 것입니다.

 가지런할 정
- 정리: 흐트러진 것을 치워 질서 있게 함
- 수정: 고치어 정돈함

인성초범 진시진실이득

명심보감

사람이 성인으로 초월하는 것은 무릇

사람 인 / 성인 성 / 뛰어넘을 초 / 무릇 범

진실을 다함으로써 얻어지는 것이다

다할 진 / 이 시 / 참 진 / 열매 실 / 말 이을 이 / 얻을 득

우리 엄마한테는 어제 너희 집에서 공부했다고 말했어.

PC방 갔다고 얘기 안 했어?

성인(聖人)은 덕과 지혜가 뛰어난 사람을 뜻합니다. 이런 성인이 되기 위해서는 참되고 진실한 것이 중요합니다. 진실되지 못하고 거짓이 있다면 성인이 될 수 없습니다. 훌륭한 사람이 되기 위해서 작은 거짓부터 줄여 나가는 것이 필요하겠습니다.

어휘+

 뛰어넘을 초
- 초월: 어떠한 한계나 표준을 뛰어넘음
- 초과: 일정한 수나 한도 따위를 넘음

6월 20일 — 171

견득사의

사자소학

얻을 것을 보면 의를 생각하라

볼 견　얻을 득　생각 사　옳을 의

무언가를 얻을 때는 올바른 방법으로 얻게 되는 것인지를 생각해 보아야 합니다. 잘못된 방식으로 얻은 재물은 반드시 후에 문제를 일으켜 얻는 것보다 더 많이 잃을 수 있습니다. 작은 이익에 눈멀어 큰 손해를 만들어서는 안 되겠습니다.

어휘＋

 얻을 득
- 소득: 일한 결과로 얻은 이익
- 획득: 얻어 냄

7월 12일 　193

춘우여고 행인악기니녕

명심보감

봄비는 땅을 기름지게 하지만

봄 춘 · 비 우 · 같을 여 · 기름 고

행인은 진흙길이 된다고 싫어한다

다닐 행 · 사람 인 · 악할 악 · 그 기 · 진흙 니 · 진창 녕

비가 오지 않으면 농작물이 말라 죽기 때문에 비는 매우 소중합니다. 하지만 길을 걷는 사람에게는 번거로울 수 있습니다. 이처럼 세상 모든 것이 무조건 좋거나 무조건 나쁘지는 않습니다. 좋고 나쁨은 상황에 따라 바뀔 수 있음을 알고 있어야 합니다.

어휘+

봄 춘
- 입춘: 24절기 중 하나로 봄이 시작되는 날
- 춘하추동: 봄, 여름, 가을, 겨울

6월 21일

의필사문 분필사난

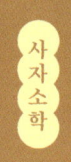
사자소학

의심 든 때에는 반드시
물을 것을 생각하며

의심할 의 / 반드시 필 / 생각 사 / 물을 문

성낼 때에는 반드시 후에 있을
어려움을 생각하라

성낼 분 / 반드시 필 / 생각 사 / 어려울 난

모든 행동에는 반드시 결과가 있습니다. 좋은 행동은 좋은 결과를, 나쁜 행동은 나쁜 결과를 가져오죠. 특히 화는 다른 사람도 화나게 만들기 때문에 조심해야 합니다. 화를 내기 전 나중에 어떤 일이 생길지 꼭 생각해 보기 바랍니다.

어휘+

問

물을 문
- 질문: 알고자 하는 바를 얻기 위해 물음
- 문제: 해답을 요구하는 물음

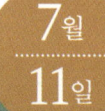
7월 11일 / 192

덕미이위존 지소이모대 무화자선의

덕은 작으면서 자리만 높거나

德 微 而 位 尊
덕 덕 작을 미 말 이을 이 자리 위 높을 존

지혜는 없으면서 꾀만 크면

智 小 而 謀 大
슬기 지 작을 소 말 이을 이 꾀 모 클 대

화를 입지 않는 사람이 없을 것이다

無 禍 者 鮮 矣
없을 무 재앙 화 사람 자 고울 선 어조사 의

큰 힘에는 큰 책임이 따른다는 말이 있습니다. 내가 더 높아지고 유명해지면 그만큼 책임도 함께 커진다는 의미입니다. 높아지고 유명해지기 전에 내 인품과 능력을 먼저 키워야 합니다. 그렇지 않으면 나의 부족함이 모두에게 드러나게 될 것입니다.

어휘+

 작을 미
- 미미: 보잘 것 없이 아주 작음
- 미소: 소리 없이 빙긋이 웃음

색필사온
모필사공

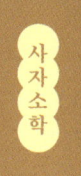
사자소학

얼굴빛은 반드시
온화하게 할 것을 생각하며

얼굴빛 색　반드시 필　생각 사　따뜻할 온

용모는 반드시
공손하게 할 것을 생각하라

얼굴 모　반드시 필　생각 사　공손할 공

생각 사
- 사고: 생각하고 궁리함
- 사유: 대상을 두루 생각하는 일

여러분이 따뜻하고 온화한 표정을 지으면 다른 사람의 마음도 따뜻하고 온화해집니다. 사람은 따뜻하고 온화한 것을 좋아하기 때문에 여러분이 그런 표정을 지으면 많은 사람들이 여러분을 좋아하게 될 겁니다. 거울을 보며 따뜻한 표정을 지어 보세요.

7월 10일

양갱수미 중구난조

명심보감

양고기 국이 비록 맛있어도

양 양 　 국 갱 　 비록 수 　 아름다울 미

모든 사람의 입에 맞추기는 어렵다

무리 중 　 입 구 　 어려울 난 　 고를 조

사람의 취향은 정말 다양합니다. 어떤 사람은 짠 것을 좋아하지만 어떤 사람은 단 것을 좋아하죠. 세상 모든 사람의 취향을 맞추는 것은 불가능합니다. 그러니 다른 사람의 눈치를 보기보다 자신이 좋아하는 것을 믿고 자기 자신이 되는 것이 중요합니다.

어휘+

고를 조
- 조절: 균형이 맞게 바로잡음
- 조정: 어떤 기준이나 실정에 맞게 정돈함

6월 23일 　 174

시필사명
청필사총

사자소학

볼 때는
반드시 밝게 볼 것을 생각하며

볼 시　반드시 필　생각 사　밝을 명

들을 때는
반드시 밝게 들을 것을 생각하라

들을 청　반드시 필　생각 사　귀 밝을 총

틀리거나 실수할까 봐 걱정돼.

괜찮아, 안 틀리고 발표 잘할 거야.

어떤 일을 대할 때 자꾸 부정적으로 생각하면 성격도 부정적으로 바뀌고 나쁜 일도 점점 많이 생깁니다. 여러분이 긍정적으로 생각하고 반응해야 점점 더 좋은 일이 일어납니다. 어떤 일을 대할 때 늘 긍정적인 면이 있는지 찾아보도록 합시다.

어휘+

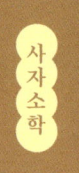

볼 시
- 시선: 눈이 가는 방향
- 응시: 눈길을 주어 한동안 바라봄

7월 9일

고송백가 이내설상

명심보감

소나무와 잣나무는

연고 고 　소나무 송 　잣나무 백 　옳을 가

눈과 서리를 견디어 낸다

써 이 　견딜 내 　눈 설 　서리 상

소나무와 잣나무는 겨울에도 잎이 떨어지지 않는 침엽수입니다. 침엽수가 사시사철 푸르른 이유는 겨울의 눈과 서리, 추위를 모두 견뎌 내기 때문입니다. 여러분도 침엽수처럼 푸른 사람이 되고 싶다면 어려움을 견뎌 낼 줄 알아야 합니다.

어휘+

 견딜
- 인내: 괴로움이나 어려움을 참고 견딤
- 감내: 어려움을 참고 버티어 이겨 냄

6월 24일 175

색용필장

사자소학

얼굴빛은 반드시 씩씩하게 하라

 色 　 容 　 必 　 莊
얼굴빛 색　몸가짐 용　반드시 필　엄정할 장

여러분은 평소에 어떤 표정을 주로 짓나요? 어떤 사람은 늘 웃고 어떤 사람은 늘 찡그립니다. 찡그린 표정보다는 웃는 표정이 좋지만 아무 이유 없이 계속 웃는 것도 좋은 것만은 아닙니다. 지금 바로 거울을 보면서 당당한 느낌의 표정을 지어 보세요.

 어휘+

 色　빛 색
- 색색: 여러 가지의 빛깔
- 채색: 그림에 색을 칠함

7월 8일 189

입산금호 이 개구고인 난

명심보감

산에 들어가 호랑이를 잡기는 쉬우나

들 입   산 산   사로잡을 금   범 호   쉬울 이

입을 열어 남에게 충고하기는 어렵다

열 개   입 구   고할 고   사람 인   어려울 난

난 이 책 너무 쉬워서 별로 도움이 안 됐어.

이게 쉽다고?

다른 사람에게 함부로 충고를 해서는 안 됩니다. 충고를 듣는 사람이 기분 나쁠 수도 있고 그 충고가 나만의 생각일 수도 있습니다. 다른 사람이 나에게 해주는 충고는 귀 기울여 듣되 다른 사람에게 함부로 충고하지는 않도록 합니다.

어휘+

산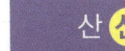
- 강산: 강과 산
- 산지: 들이 적고 산이 많은 지대

6월 25일 / 176

기용필숙 입용필덕

사자소학

숨쉴 때는 반드시 엄숙히 하며

기운 기   몸가짐 용   반드시 필   엄숙할 숙

서 있을 때는 반드시 덕이 있게 하라

설 입   몸가짐 용   반드시 필   덕 덕

여러분은 서 있을 때 어떤 자세를 주로 취하나요? 한쪽 다리는 굽힌 채 다른쪽 다리로만 서서 짝다리를 자주 짚지는 않나요? 이런 모습보다는 두 다리로 힘차게 땅을 디디고 서 있는 모습이 더 당당해 보입니다. 지금 바로 이렇게 서 보세요.

어휘+

기운
- 용기: 씩씩하고 용감한 기운
- 습기: 축축한 기운

7월 7일 188

총명 다암매 산계 실편의

명심보감

총명한 사람도 어리석을 때가 많고

 총명할 총   밝을 명   많을 다   어두울 암   어두울 매

계획을 세워도 맞지 않을 때가 있다

 셈 산   셀 계   잃을 실   편리할 편   마땅 의

'원숭이도 나무에서 떨어진다.'는 속담처럼 아무리 똑똑하고 총명한 사람이라도 실수할 때가 있습니다. 자신이 똑똑하다고 너무 자만해서는 안 되며 똑똑한 사람의 말이라고 무조건 믿어서도 안 됩니다. 늘 그때그때 깊이 생각하고 행동하도록 합니다.

어휘＋

 昧 어두울 매
- 애매: 희미하여 분명하지 아니함
- 우매: 어리석고 사리에 어두움

6월 26일   177

사자소학

성용필정 두용필직

소리는 반드시 조용하게 하며

 소리 성   몸가짐 용   반드시 필   고요할 정

머리는 반드시 곧게 하라

 머리 두   몸가짐 용   반드시 필   곧을 직

끊임없이 무언가를 만지고 다리를 떨면서 불필요한 소리를 계속 내는 사람이 있습니다. 건강한 마음을 가진 사람은 몸을 곧고 바르게 하고 조용히 앉아 있을 수 있습니다. 지금 바로 올바른 자세를 잡고 마음을 깨끗이 가다듬어 보세요.

어휘＋

소리 성
- 음성: 목소리
- 함성: 많은 사람이 함께 지르는 소리

7월 6일 187

명심보감

**인성여수
수일경칙 불가부
성일종칙 불가반**

사람의 성품은 물과 같다.

人 性 如 水
사람 인 성품 성 같을 여 물 수

물이 일단 쏟아지면 다시 담을 수 없듯

水 一 傾 則 不 可 復
물 수 한 일 기울 경 법칙 칙 아닐 불 가능 가 다시 부

성품이 일단 방종해지면 돌이킬 수 없다

性 一 縱 則 不 可 反
성품 성 한 일 방종할 종 법칙 칙 아닐 불 가능 가 돌이킬 반

세상에는 처음으로 돌이킬 수 없는 일들이 있습니다. 한번 쏟은 물을 다시 주워 담을 수 없듯 사람의 성격 역시 한번 자리 잡으면 이를 고치기가 매우 어렵습니다. 어린 시절에 생긴 성격은 평생 가니 올바른 성격을 가지도록 노력해야 합니다.

어휘＋

傾 기울 경
- 경향: 행동이나 생각이 어떤 방향으로 기울어짐
- 경도: 기울어 넘어짐

6월 27일 — 178

목용필단 구용필지

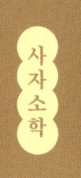
사자소학

눈은 반드시 단정히 하며

눈 목　몸가짐 용　반드시 필　단정할 단

입은 반드시 다물고 있어라

입 구　몸가짐 용　반드시 필　그칠 지

사람을 바라볼 때 삐딱하게 보는 사람이 있습니다. 또 쉼없이 떠들어 대는 사람도 있습니다. 이런 사람들은 스스로 자신의 마음이 건강하지 않다고 말하는 것과 마찬가지입니다. 바르게 사람을 바라보고 입을 다물고 있을 줄 알아야 합니다.

어휘＋

 눈 목
- 주목: 시선을 모아서 봄
- 목격: 눈으로 직접 봄

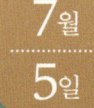
7월 5일　186

목종승칙직 인수간칙성

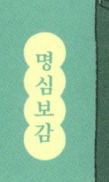
명심보감

나무는 먹줄을 따르면 곧게 자라고

나무 목 / 세로 종 / 노끈 승 / 법칙 칙 / 곧을 직

사람은 충고를 받아들이면 성스러워진다

사람 인 / 받을 수 / 바로잡을 간 / 법칙 칙 / 성인 성

사람은 자존심 때문에 다른 사람의 충고를 받아들이기 어려워합니다. 하지만 충고를 잘 들으면 우리는 누구보다 빠르게 성장할 수 있습니다. 사람은 자기 자신의 단점을 잘 모르기 때문에 남의 충고를 귀 기울여 듣고 이를 고치는 것이 중요합니다.

 받을 수
- 접수: 신청이나 신고 따위를 받음
- 수수: 거두어서 받음

6월 28일 — 179

족용필중 수용필공

사자소학

발은 반드시 무겁게 하며

발 족 / 몸가짐 용 / 반드시 필 / 무거울 중

손은 반드시 공손하게 하라

손 수 / 몸가짐 용 / 반드시 필 / 공손할 공

발을 무겁게 하라는 말은 가지 말아야 하는 곳에 가지 말라는 뜻입니다. 손을 공손히 하라는 말은 손을 경박하게 놀리지 말라는 뜻입니다. 손과 발은 한 사람의 마음가짐을 드러냅니다. 나쁜 짓을 하지 말고 나쁜 곳에 가지 않아야 합니다.

어휘+

발
- 수족: 손과 발
- 족구: 발로 공을 차서 네트를 넘기는 운동

7월 4일 — 185

노요지마력 일구견인심

명심보감

길이 멀면 말의 힘을 알 수 있고

    力
길 로　멀 요　알 지　말 마　힘 력

시간이 오래면
사람의 마음을 알 수 있다

날 일　오랠 구　볼 견　사람 인　마음 심

그동안 많이 친해졌는데, 전학을 간다니 너무 아쉬워.

잘 지내.

사람의 진짜 속마음을 알려면 오랜 시간이 걸립니다. 한두 번 착한 척을 하는 것은 거짓으로 꾸밀 수 있지만 오랜 시간 이를 지속할 수는 없기 때문입니다. 사람을 판단할 때는 너무 쉽게 단정 내리지 말고 시간을 갖고 천천히 판단하기 바랍니다.

어휘+

 말 **마**
- 승마: 말을 탐
- 백마: 흰 빛깔의 말

의복대화 물실물렬

사자소학

의복과 허리띠와 신발을

 옷 의　 옷 복　 띠 대　 신발 화

잃어버리지 말며 찢지 말아라

 말 물　 잃을 실　 말 물　 찢을 렬

어휘+

 찢을 렬
- 균열: 거북의 등에 있는 무늬처럼 갈라져서 터짐
- 분열: 찢어져서 여럿으로 나뉨

삼촌, 감사해요! 잘 쓸게요!

단정하고 깨끗하게 입으렴.

'옷이 날개다.'라는 말은 옷이 좋으면 사람이 돋보인다는 뜻입니다. 여러분이 입고 있는 옷이 여러분이 어떤 사람인지를 보여 줍니다. 비싼 옷을 입으라는 말이 아닙니다. 평소에 옷을 단정하게 입고 찢어지지 않도록 주의하며 더러워지면 잘 닦거나 빨도록 합니다.

7월 3일　184

부적규보
무이지천리

명심보감

반 걸음이라도 꾸준히 내딛지 않으면

아닐 부 쌓을 적 반걸음 규 걸음 보

천 리를 갈 수 없다

없을 무 써 이 이를 지 일천 천 마을 리

사람들은 무언가 큰일을 이루기 위해 당장 대단한 일을 해야 한다고 생각합니다. 하지만 대단한 일도 사실은 아주 작은 실천에서부터 시작됨을 잊지 말아야 합니다.

어휘+

걸음 보
- 도보: 탈 것을 타지 않고 걸어서 감
- 퇴보: 뒤로 물러남

6월 30일 181

구물잡담 수물잡희

사자소학

입으로는 잡담하지 말고

口 勿 雜 談
입 구 말 물 섞일 잡 말씀 담

손으로는 장난하지 말아라

手 勿 雜 戱
손 수 말 물 섞일 잡 놀이 희

수업을 듣는 모습을 보면 손과 입이 쉬지 않는 친구들이 있습니다. 이렇게 장난을 하면 정신이 흩어져 집중하기 어렵습니다. 수업을 들을 때나 책을 읽고 공부할 때는 손과 입을 정숙히 하여 하는 일에 오롯이 집중하도록 합니다.

어휘+

 섞일 잡
- 복잡: 일이나 감정이 갈피를 잡기 어렵게 어지럽게 얽혀 있음
- 혼잡: 여럿이 한데 뒤섞이어 어수선함

7월 2일 183